かごと木箱と古道具と。

日々をいろどる〝もの〟選び

圷《あくつ》みほ 著

はじめに

わが家は今年4歳になった娘と夫とわたしの3人家族。
古い集合住宅の一部屋をリノベーションした家で暮らしています。
わたしは暮らしのものを扱うウェブショップを営んでいるので、
〝もの〟に対する想いとこだわりは人一倍かもしれません。
日々の暮らしにいろどりを与えてくれる〝もの〟を
どんなふうに家の中に配置して心地よい空間をつくり上げていくか、
考えながら楽しんでいます。
そんな生活をインスタグラムで少しずつご紹介していたところ、
いろいろな雑誌から取材をご依頼いただいたり、
ありがたいことに思いがけない出来事がたくさん起こり、
そして今回はわたしたちの暮らしを1冊の本にまとめることになりました。
暮らしを整えることを考えたとき、シンプルですっきりとした、ものが極端に少ないミニマリストのような生活は、ある意味憧れます。
わたしも今の家に引っ越すとき、かなり大量の〝もの〟を処分しました。
でも、シンプルならそれでいいということではない。
〝もの〟を減らすのは、これからもっと長く愛用したい〝もの〟と
一緒に暮らすためのプロセスだと思うのです。
この本には、大好きな古家具や古道具のことをはじめ、
いつの間にか増えてしまったかごや木箱を多用した収納、
ホームセンターで買ったプチプラ雑貨から作家さんの作品まで、
日々をいろどってくれる〝もの〟選びのことなど、
暮らしのいろいろを集めてみました。
わたしはインテリアや整理収納のプロではないので、
「え、そんな収納にしているの⁉」とびっくりされることがあるかもしれません。
こんなやり方もあるんだな、くらいの気持ちで見ていただけたらと思います。
わが家の暮らしのヒントを、少しでもみなさんと共有できたら嬉しいです。

CONTENTS

1

“好き”を集めた家

My home

わが家は築40年の集合住宅をリノベーションしています

わが家のある集合住宅は、築40年。エレベーターのない物件です。

だけどなにより惹かれたのは環境の良さ。2方向にベランダがあり、窓が大きくとられていたので、日当たりも風通しも申し分なし。もともとの状態は部屋が細かく区切られた3DKだったのですが、壁を取り払うなどの大きな変更もOK。こうした条件がこちらの希望と合致したので、ここで理想の家づくりをすることになりました。

以前こちらに住んでいらっしゃった方は、お子さんが3人、そ

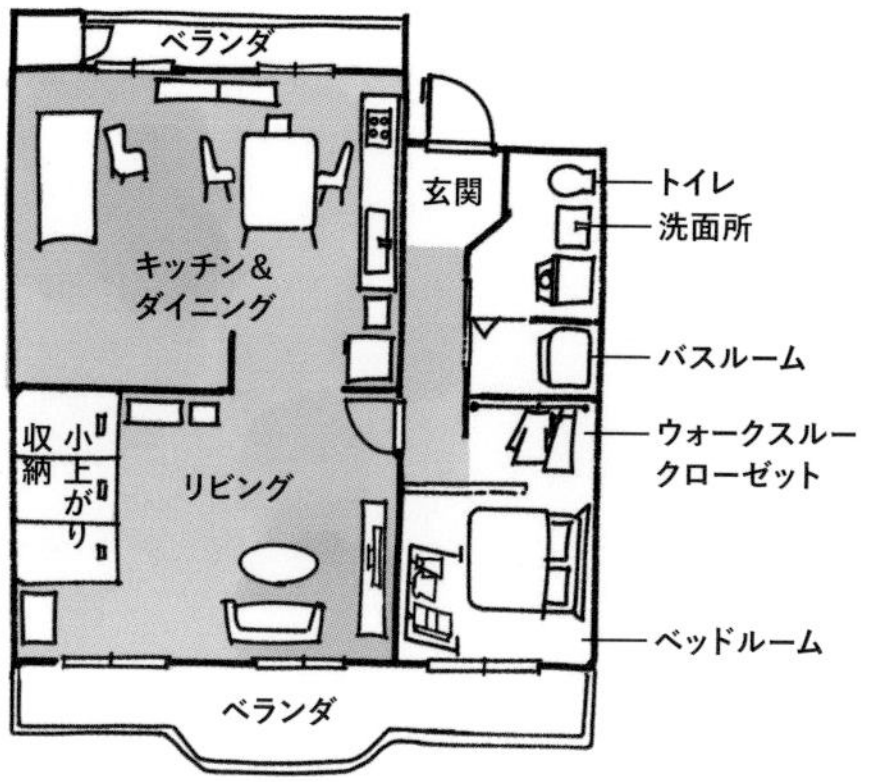

れぞれの個室がとれるように工夫されていたようです。でもわが家の娘はまだ未就学児。とりあえず個室は必要ないので、家族が集まる空間をとにかく広くとることを考えました。

いずれ娘専用のスペースが必要になってきたら、寝室の場所を変えたり、ロフトをつくるといったアイディアも。そのときどきの暮らしに合わせてつくり変えていければいいと思っています。

わが家は、夫婦の友人はもちろん、娘のお友達とその家族、仕事で知り合った作家さんたち、私が主宰するウェブショップのイベント打ち上げなど、お客さまを迎える機会がたくさんあります。小さい子どもがいるので外食がしにくいということもあり、なにかと家に集まってしまうのです。だから家族はもちろん、家に遊びに来てくれたお客さまがどうしたら居心地よく過ごせるのか？ということも考えました。

結果、リビングとダイニングを広くとり、圧迫されるような背の高い家具を置かない、見せる収納メインの家になりました。

家中でいちばん広く空間をとったダイニングキッチン。食事をするのも、くつろぐのもこちらで。床は裸足で歩いても気持ちのいいワイルドオークの無垢材を使用しました。きれいすぎない荒々しい感じがお気に入りです。ダイニングテーブルや椅子、棚などメインのインテリアには古道具を使っています。

Dining & Kitchen

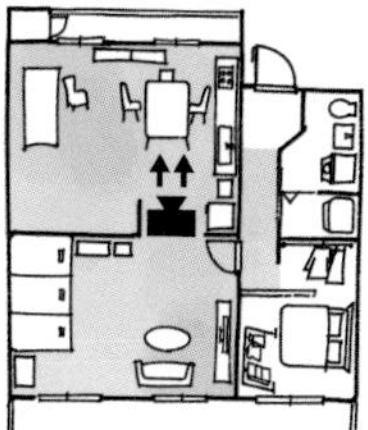

Living

光がたっぷり差し込む南向きのリビング。奥にはオーダーでつくってもらった“小上がり”を配置。現在はおもに娘の遊び場になることが多いです。真ん中に置いてあるティピー（テント）は、わたしが手づくりしたもの。予定より少し大きめの仕上がりになってしまいましたが、部屋に溶け込む色合いにしたので圧迫感なく置いておけます。

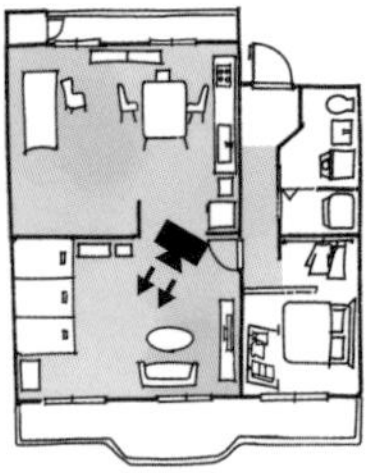

リビングの反対側。テレビはそれほど観ないのですが、たまに家族みんなでDVDを観たりもしています。左のドアの先には寝室とクローゼットが。必要のない壁はすべて取り払ったので、ドアらしいドアはこの1点だけ。他は寝室と洗面所に引き戸があるだけの、シンプルなつくりです。

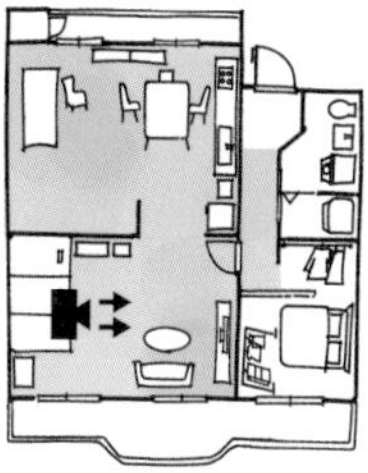

好きなもので埋め尽くされた家

ここに越してくる前は、新築の小さな賃貸アパートに住んでいました。南向きで日当たりも風通しもよかったのですが、つくりこまれた内装にわたしたちの好きなものが似合わない。それだけが不満でした。

その反動でしょうか。新しい家は好きなもので埋め尽くそう！というのが目標になりました。なぜなら好きなものに囲まれることが、わたしたち夫婦が考える居心地のいい空間だからです。

おかげで今は無垢材の床、コンクリートの壁に、古い家具や作家さんの作品などがなじみ、家の中は好きなものであふれています。

もちろん生活をしていれば、時折好きではないものが紛れ込ん

でくることもあります。たとえばカラフルでガチャガチャとしたパッケージやプラスチック製品など。

視線の先にはいつでも好きなものを置いておきたい。だから好きではないものは、見えないように隠してしまっています。そうした場合にいつも大活躍してくれるのが、大好きなかごと木箱なのです。

また、新たに家に招き入れるものは、たとえどんなに安いものでも、しっかり吟味して検討しつくしてから買うことが、わたしたち夫婦のルール。もちろんそれぞれに好みがあって、ときには意見が食い違うこともありますが、そういうときはとことん話し合って、お互いが歩み寄り共通の〝好き〟を探します。

空間をひとつひとつ大きくとって好きなものだけを置いたら、とても居心地のいい家が出来上がりました。

家づくりのテーマ

1

家族の共有スペースをとにかく広く

もとは3DKだった物件をダイニングキッチン、小上がりのあるリビング、ベッドルームの、1(L)LDKにリフォームしました。どこにいても家族の気配が感じられる、ゆったりとした間取りに。

2

コンクリート+木+ステンレス

壁紙を剥がしたコンクリート壁、裸足で歩いても気持ちのいい無垢材の床、ステンレス製のツールバーや取っ手。家の素材は、プラスチックなどはなるべく避け、テイストを統一させました。

3

もの選びは“好き”を基準に

シンプルだけどどこか個性を感じるものにズキュンときます。昔はデザインのみを重視していましたが、最近では素材やかたちを含めて吟味しています。好き嫌いははっきりしています。

リビングとダイニングキッチンを広くとった代わりに、寝室は「寝るだけの場所」と割り切って、スペースを最小限にし、極限までメリハリをきかせた間取りになりました。でもおかげで、共有スペースはゆったりと、好きにつくることができました。ダイニングの奥から見る、キッチンのこの眺めはとくに気に入っています。

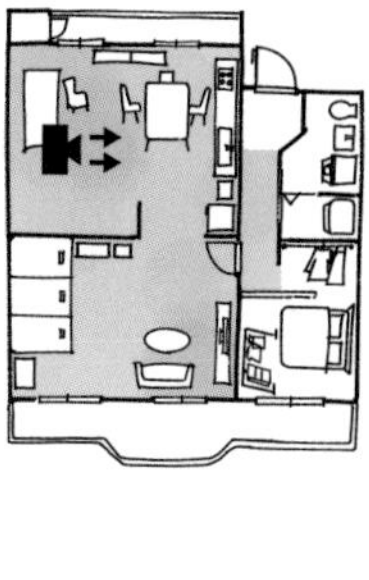

ダイニングを中心に人が集まる空間へ

約12畳のダイニングキッチンと、リビングの2部屋がわが家の中心。家族で過ごす時間も、来客のあるときも、ここに人が集まります。

ダイニングの奥には、ネットで購入した足つきマットレスを使って、座っても、寝転んでもいいスペースをつくりました。娘がこの上に乗って遊んだり、ごろごろしたままお昼寝したり、夫が食事後にここでうとうとすることも。クッションをたくさん置けばソファ代わりに、お客さまが来たときには子どもたちの遊び場にもなり、ベッド代わりにもなる万能スペースです。

お気に入りのうつわは飾るように収納します

ガラスの扉がついたいわゆる「食器棚」は、持つつもりがありませんでした。代わりに古道具屋で購入したのが、こちらの扉がない棚。もともとは扉がついていたらしいのですが、買ったときには失われていました。

でもキッチンは好きなものだけで埋め尽くそうと決めていたので、扉も引き出しも必要ありませんでした。本当に気に入ったものだけを厳選して、いつでも見えるようにゆったりと置いています。よく使うものばかりなので、ほこりが溜まる心配もありません。「飾る」と「しまう」が同時にできる棚です。

絶対に欲しかった〃小上がり〃

リノベーションをするとき、必ず欲しいと熱望していたのが〃小上がり〃です。リノベーションの本をあれこれチェックしているときに、その存在を知りました。ごろごろ、のびのびすることもできるし、家の中にあったら楽しそう！　というわけで、条件のひとつに〃小上がりをつくること〃が加わりました。

オーク材でつくった完全オーダーメイドの小上がりは、わが家のシンボル的存在。へりに腰かけることもできるし、上に座って娘とおままごとをすることも。

おもちゃをどかして、お布団を敷けば、即席のゲストルームにも早変わりします。その場合は天井から布を吊るして目隠しにしています。

小上がりのみ、床面にヘリンボーン柄を採用。ポイントになって気に入っています。

11月になるとそろそろ出番になるツリー。オフシーズンは小上がりに収納。

大きな収納はここに集約

小上がりのいいところは、床下をすべて収納にすることができる点です。棚やタンスなど、背の高い大きな収納家具は一切使わないつもりでいたので、ここが最も大きな収納場所になりました。小上がりのサイズは270×180×48㎝。引き出し式で、高さも奥行きもしっかりあるので、収納力はバッグン。季節ものや、キャンプ用品、かさばる日用品などを収納しています。

仕事中も子どもに目が届くように

小上がりとベランダのほんの少しの隙間に、小道具屋さんで買った机を置いて、仕事場にしています。おもに発送作業が多いのですが、娘がいるときでも、小上がりで遊んでくれていれば、必ず目に入るので安心。

仕事関係の書類や梱包材などは、机の下の棚や、上につくったオープンシェルフに、もの別に箱に入れてストック。実は小上がりの引き出しにも、梱包材や在庫などを収納しているので、狭い空間でも効率的に仕事ができます。娘と話しながら作業ができるのも助かっています。日当りがよく気持ちいいので、狭いけれど密かにお気に入りの場所です。

あえてのオープンシェルフ

見せる収納がメインのわが家。キッチン、リビング、洗面所にオープンシェルフがあります。棚受けはホームセンターやネットで買ったものを使用しています。リビングの棚受け（写真）はアンティークな風合いで大きめサイズが欲しかったので、探すのに時間がかかりました。棚板は重いものをのせるので、厚さ2・5㎝のオークの無垢材を「スーパービバホーム」で購入後カットをしてもらい、夫がヤスリがけをし、自然塗料「オスモカラー」を塗って仕上げてくれました。

ちなみに洗面所は軽い印象でまとめたかったので、棚板の厚さは2㎝にしています。

本当に好き！が見つかるまで待つ

実はカーテンはまだ仮の状態です。ビビッと来るものが見つかればいいのですが、妥協したものを家に入れたくありません。そんなときは、焦らず「本当に好き！」と思えるものが見つかるまで待つことにしています。カーテンはリネンなどの自然素材で空間になじむものが理想ですが、なかなか出合うことができません。今は白い布を、「Seria」で購入したクリップを使ってカーテン代わりにしています。

他にもリビングのソファとコーヒーテーブルが仮の状態。本当に気に入ったものが見つかれば買い替える予定です。

木製のシェードが愛らしい、うだまさしさんの作品。素材はサクラです。

やさしいライト

夜はほわんと眠気を誘うやさしいあかりが大好きです。夫もわたしも学生の頃からよくカフェでお茶をするのが好きでした。そのせいでしょうか、ふたりで住み始めた頃から自然と仄暗い家になっていました。しかしこれが実家の母には「みほの家は暗い」と不評なのも事実。

電球はクリアタイプのもので統一したいのですが、ライト購入時にセットされていたホワイトタイプの電球がLEDだったりして、これがなかなかの高寿命。切れたあかつきには、クリアタイプの電球に買い換えたいと思っています。

1.ソケットは「ツールボックス」、電球はホームセンターで購入。 **2.**リビングで使っているホウロウのシェイドは、ふたつとも「長澤ライティング」のもの。 **3.**ダイニングキッチンのくつろぎスペース。「メルカリ」で買ったソケットに「イケア」の電球。 **4.**クリアタイプの電球がついたシンプルなペンダントライトは「メルカリ」で購入。 **5.**玄関のライトは「ツールボックス」のソケットに「イケア」の電球。

天井から吊るすシステム

天井には、「スーパービバホーム」で1セット200円程度で購入したナット&丸カンボルトがあちこちに埋め込まれています。モルトビールや植物を吊るしたり、丸棒を通して洗濯物を干したり、とても重宝しています。小上がりの上にも設置しているので、お客さまが泊まるときは、目隠し用の布を張って個室感を演出することもできます。

丸カンボルトは、つや消しシルバーを使用していますが、ナットのサイズが合えば違うものに差し替えることも可能です。

重すぎるものを吊るすのは避けていますが、シーツや毛布を干す程度の耐久性はあります。

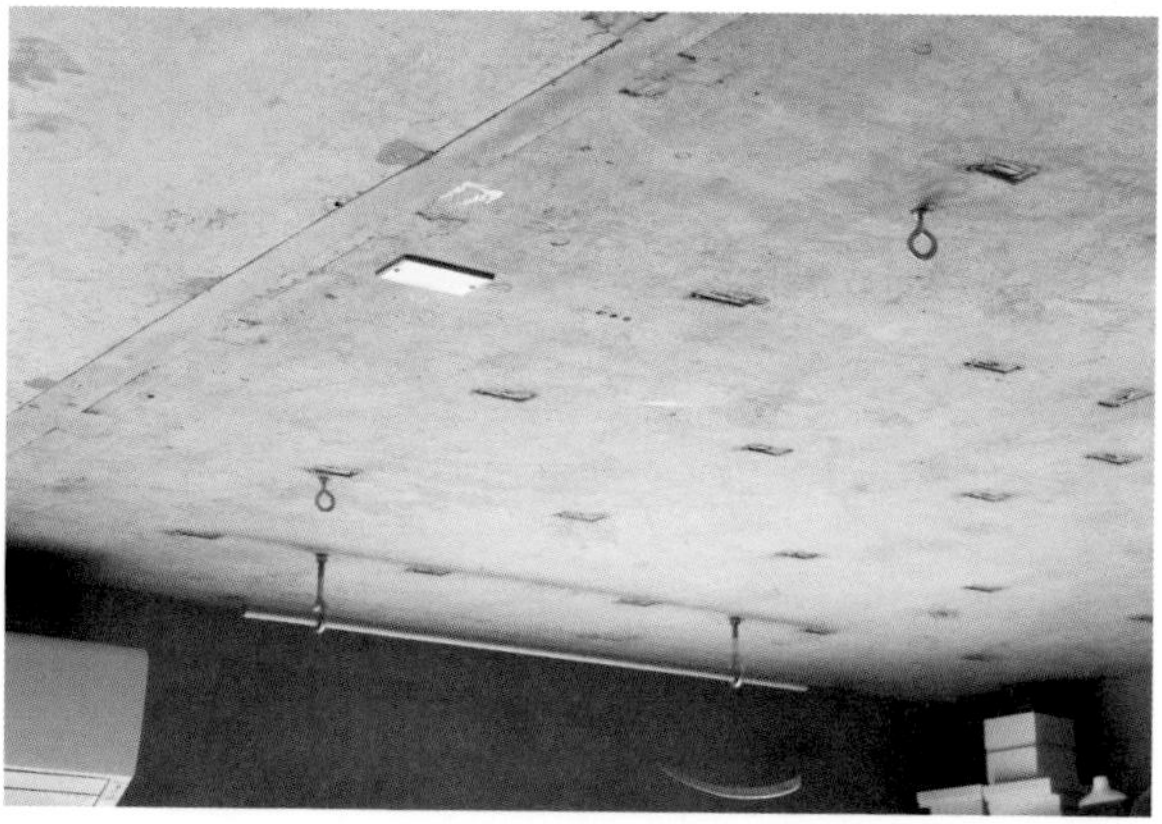

丸カンはキッチンダイニングに4個、リビングに6個、ベッドルームに2個、合計12個を取り付けました。

丸カンではないのですが、クローゼットの入り口には突っ張り棒を通して洗濯物をかけることも。「Seria」で買った洗濯クリップも役立っています。

南側の窓際は、丸カンに長い棒を通して洗濯物を干すと決めていました。

Column 1 リノベーションのはなし

新築マンション、一戸建て、中古マンション、いろいろ見ていくうちに、集合住宅のリノベーションもいいかな？　と思うようになりました。緑が多くて子どもたちが安心して駆けまわれる環境はとても魅力的でしたし、景色もいい、学校も近い、住みやすそう！　と候補のひとつに。新築物件はきれいだけど、理想をかたちにできるリノベーションはもっと魅力的でした。

物件の購入も無事に済み、リノベーションに向けて本格始動する段階になって、好きな施工会社を選べないという事実が発覚しました。不動産会社の提携の関係で、古くからお付き合いのある工務店一択というのです。それまで雑誌やインターネットで資料を集め、イメージを固めてきたわたしたちにとっては青天の

リフォーム中は、娘もまだ小さかったので大変でした。資材はできるだけ自分たちで好きなものを調達し、棚板のヤスリがけや塗料を塗るのも自力で。

霹靂《へきれき》。交渉も試みましたが難しく、フルリノベーションは初めてという、地元の工務店と作業を進めることになりました。

建築士不在のまま始まったわが家のリノベーション。壊せる壁はすべて壊し、壁紙や天井は取り払い、ベッドルームは寝るだけなので狭く、ダイニングキッチンとリビングをできるだけ広くとりました。わたしたちは設計図をつくることができないので、希望を何度も絵に描き、パワーポイントで指示書もつくって説明をしました。例えば小上がりは、サイズをリクエストしてつくってもらった完全オーダーメイド。それでも工務店さんはヘリンボーンの床面に苦労されていましたが、立派なものをつくってくださいました。資材もコスト削減のため、床材屋さんやホームセンター、キッチンなどのショールームを駆け回り自力で調達しました。時間と労力は人一倍かかったけれど、結果的に自分たちが理想とする家が出来上がり、とても満足しています。

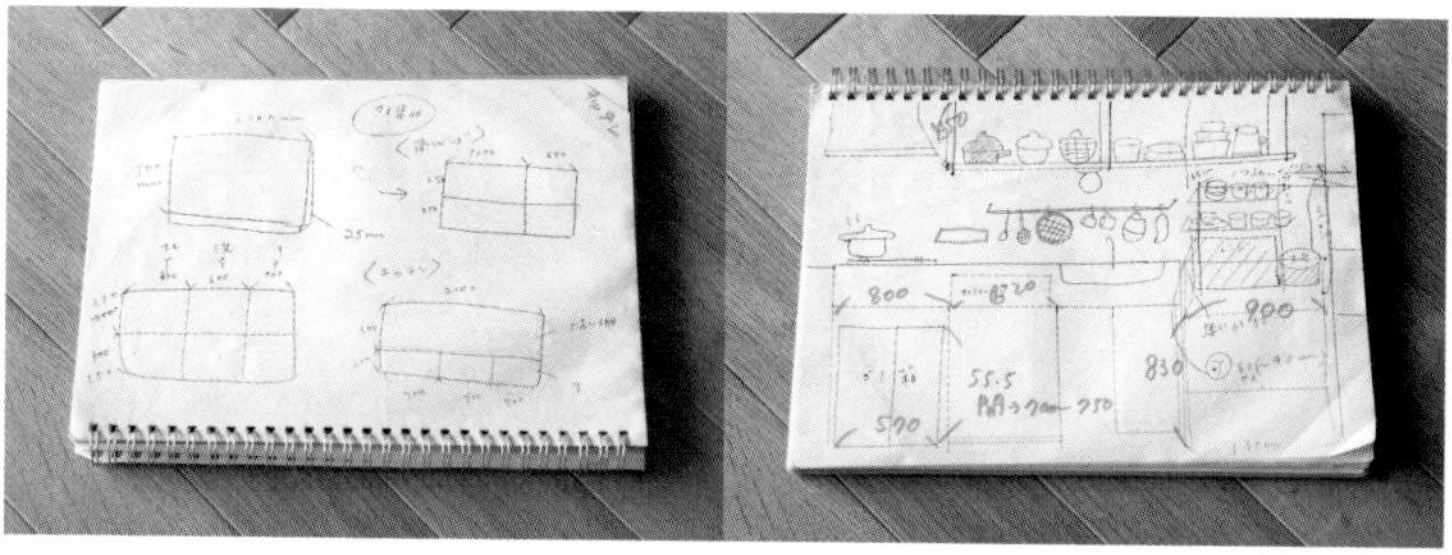

自分たちで描いた設計図がこちら。何度も絵に描いて理想をかたちにしました。
キッチンなどはほぼこの絵のまま出来上がりました。

Column

2 (こだわりのパーツ)

こだわりの壁と床で設《しつら》えた空間は、お気に入りのパーツでいろどりました。アクセントになっているのは青いドア。洗面所、リビング、ベッドルームに「リクシル」のドアを取り付けました。

他にもコンセントカバー、スイッチボード、壁フックなどのディテールもこだわりを持って選んでいます。パーツはインターネットやホームセンターなど、いろいろな場所で探しました。

ひとつひとつを夫と探し、吟味し、購入したことで、自分たちらしい空間をつくり上げることができたと思います。なかにはサイズや予算の都合で諦めなければならないものもいくつかありましたが、できる範囲で納得いくものを選びました。ふたりの〝好き〟がたくさんつまっています。

1. ドアはアンティーク風のものを予定していましたが、設置高の問題で断念。開き戸、引き戸ともに「リクシル」のもの 。 **2.** ダイニングキッチンとリビングの境界線はアール下がり壁になっています。もともとの構造なのですが、かえって部屋にアクセントができてよかったです。 **3.** コンクリート壁に馴染むよう、コンセントカバーはグレーのものをネットで購入しました。 **4.5.6.** スイッチボードはトグルスイッチ、アメリカンスイッチ、ともにネットで見つけました。トグルスイッチで統一したかったのですが、配線の仕様の関係で2種類を使い分けています。 **7.** 玄関の壁には「スーパービバホーム」で購入したフック＋丸棒に、S字フックを組み合わせたお手製ウォールハンガーを設置。

4

1

5

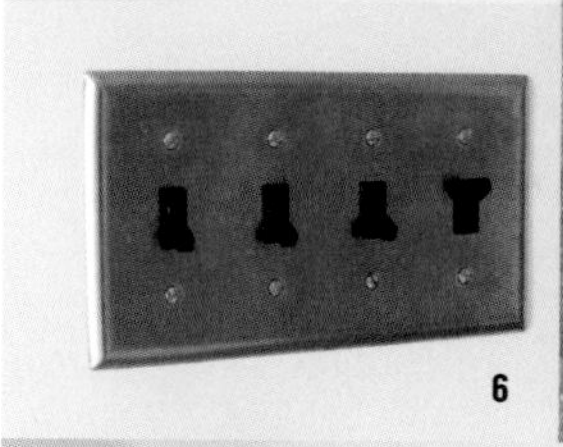

6

2

7

3

2

家をいろどるもの

Goods & Furniture

AQUOS

シンプルだけではなく、いろどりを添えて

わが家を形成するコンクリートの壁、無垢材の床、ステンレスやグレーのパーツ……、ともすると無機質になりがちですが、古道具やアート作品をていねいに配置することで、いろどりが加わりあたたかな空間になりました。

家具はおもに古道具を使っています。経年変化とともに深みを増す独特の存在感が、部屋をやわらかな空気で包んでくれます。

家具を配置したらこんどは色みが欲しくなりました。カラフルなものを置くのは性に合いません。わたしたち夫婦が選んだのは、落ち着いた色合いだけど、しっかり主張するキリムです。殺風景になりがちなインテリアが少し華やかになりました。

大好きな作家さんの作品もインテリアの仲間に加えました。木

1.「デカトロン」で購入したケトルとカップ。キャンプでも家でも使っています。
2.「メルカリ」で見つけた鳥のオブジェ。買ったときは鳥の上にぐるぐる針金が付いていたのですが、ないほうがかわいいと思ったので取ってしまいました。
3.アラジンストーブは中古で買いました。味があって気に入っています。おやつに焼き芋やお餅を焼いたりします。

のぬくもりを感じる微笑ましい作品は、わが家のシンボル。棚に、壁に、天井に、家のどこにいても見えるように、あちこちに配置をしました。

その他、趣味のキャンプ用品や季節もののインテリアなども、気に入ったものだけを迎え入れています。

好きなものであふれた空間は、居心地がいいものですから、みんな自然と笑顔になります。

ものがたりのある古道具に惹かれて

ダイニングテーブル、椅子、食器棚……、わが家の家具はほとんどが古道具です。古道具に惹かれるようになったきっかけは、益子の「仁平古道具店」を訪れてから。長い年月を経て培われた落ち着きのある佇まいや、深みのある存在感は、新しいものにはない魅力があります。古道具ならひとつひとつ個性があって、一緒に時を重ねる楽しみも。みんなとかぶらないようなものが好きなわたしたちにぴったりなのです。

ひとつ手にしたら、それに合う古道具を探したり、見つけたり。わが家の景色にやさしくなじみ、家を美しくいろどってくれます。「これは昔、こういうふうに使われていたんだよ」と、その道具が持つストーリーを聞くと、愛おしさもひとしお。

Cupboard　食器棚

益子陶器市の帰りにたまたま立ち寄ったアンティークショップ「モダンロフト」で購入した食器棚。普段は吟味に吟味を重ねるわたしですが、このときばかりはビビッときて即決しました。

食器棚は縦に積み上げることもできます。計測をせずに購入したのに、窓と窓の隙間にピッタリ収まるサイズでした。

Bookend　ブックスタンド

食器棚の下の段に、古道具のブックスタンドを置いています。こちらは「メルカリ」で見つけたものです。

TV table テレビ台

部屋に合うテレビ台がなかなか見つからなかったのですが、「仁平古家具店」のオンラインで発見。ゆくゆくはテーブルとして使うのもいいかな？　と思っています。リーズナブルで状態も良好！（現在は「仁平古家具店」のオンライン販売は行われていません）

Drawer unit 袖づくえ

換えの電池や懐中電灯などを入れている袖づくえ。10年くらい前、「仁平古家具店」の実店舗ではじめて購入し、車で持帰りました。

Work desk 仕事づくえ

仕事で商品を発送したり、お礼状を書いたりするときはこの机を使います。「仁平古家具店」のオンラインで購入したものです。

Container ブリキ缶

「仁平古家具店」で購入した、トタンの缶箱です。あまり使わない、でも捨てられないおもちゃをこっそりしまっています。

Dining table

ダイニングテーブル

シンプルなダイニングテーブルは、「クラスカ」で見つけました。什器のように店頭に並んでいたのですが、裏を見たら値段付き！即決でした。

Chair　椅子

椅子はセットで購入せず、気に入ったデザインのものを集めるようにしています。リビングの作業づくえで仕事をするときは、椅子を移動させることも。(右)「アーコール」のヴィンテージチェア、(左)ヴィンテージのスクールチェアは英国製。どちらも「メルカリ」で見つけました。

ラグの存在が空間を引き締める

夫と話し合って、家の差し色は「赤」に。ネットで見つけたキリムは、243×157cm。キリムの下には韓国のふんわりマット、イブルを敷いています。定期的に天日干しをしていますが、普段はコロコロを使ってお掃除をしています。

空間にメリハリをつけるためには、ラグがおすすめです。

無垢材の床に少し色が欲しくなり、以前から気になっていたあたたかみのあるキリムを探すことに。古家具もしかり、歴史のあるものが好きなので、キリムの種類や背景を調べていくうちにすっかりトリコになりました。

手づくりなのでひとつずつ表情が異なるのも魅力です。ラグやクッションカバーなど、インテリアのアクセントとして大活躍しています。

3

1

4

5

2

1. テレビ横にはわたしのアクセサリーや娘の髪留めなど、出かける前にさっと持ち出したいアイテムを並べています。下に敷いている小さなキリムは「メルカリ」で見つけました。**2.** 引っ越しの際、不用品を「メルカリ」で大量処分、その分で小さめのギャッペを入手しました。姿見は「イケア」で購入。 **3.4.5.** キリムのクッションカバーはキリム専門店のオンラインで少しずつ集めました。幾何学的な模様も色合いも、キリムを選ぶ楽しさのひとつ。ちなみに無地のクッションカバーは「イケア」のもので、何にでも合わせやすいのが魅力です。

作家さんの作品を飾る

家をいろどるものに、作家さんの作品もあります。木工作家のうだまさしさん、木版作家の彦坂木版工房さん、木製のオブジェなどをつくるｉｒｉｋｉさん……、いずれも木のぬくもりを感じる作風に惹かれました。毎日の暮らしにこれがあったら楽しいだろうな、そんな思いであれこれと集めた作品がわが家にいろどりを添えてくれます。

アートな要素も持ちつつ、使い勝手も考えられた作品は、見たり使ったりすることで心が豊かになると感じています。なかにはワークショップで娘がつくったものもあり、ひとつひとつに思い出もあります。

うだまさしさん

はじめて作品を見たときに一目惚れをしました。うださんがつくり出すユニークでかわいらしいかたちが気に入っています。ランプやモビールの他にも、カトラリーやカッティングボードなど、木のぬくもりを感じる作品は、生活に欠かせない一部となっています。

ランプシェードです。シェード内側の削られた木目がお気に入りポイント。やさしいあかりがわが家の食卓を照らしてくれます。

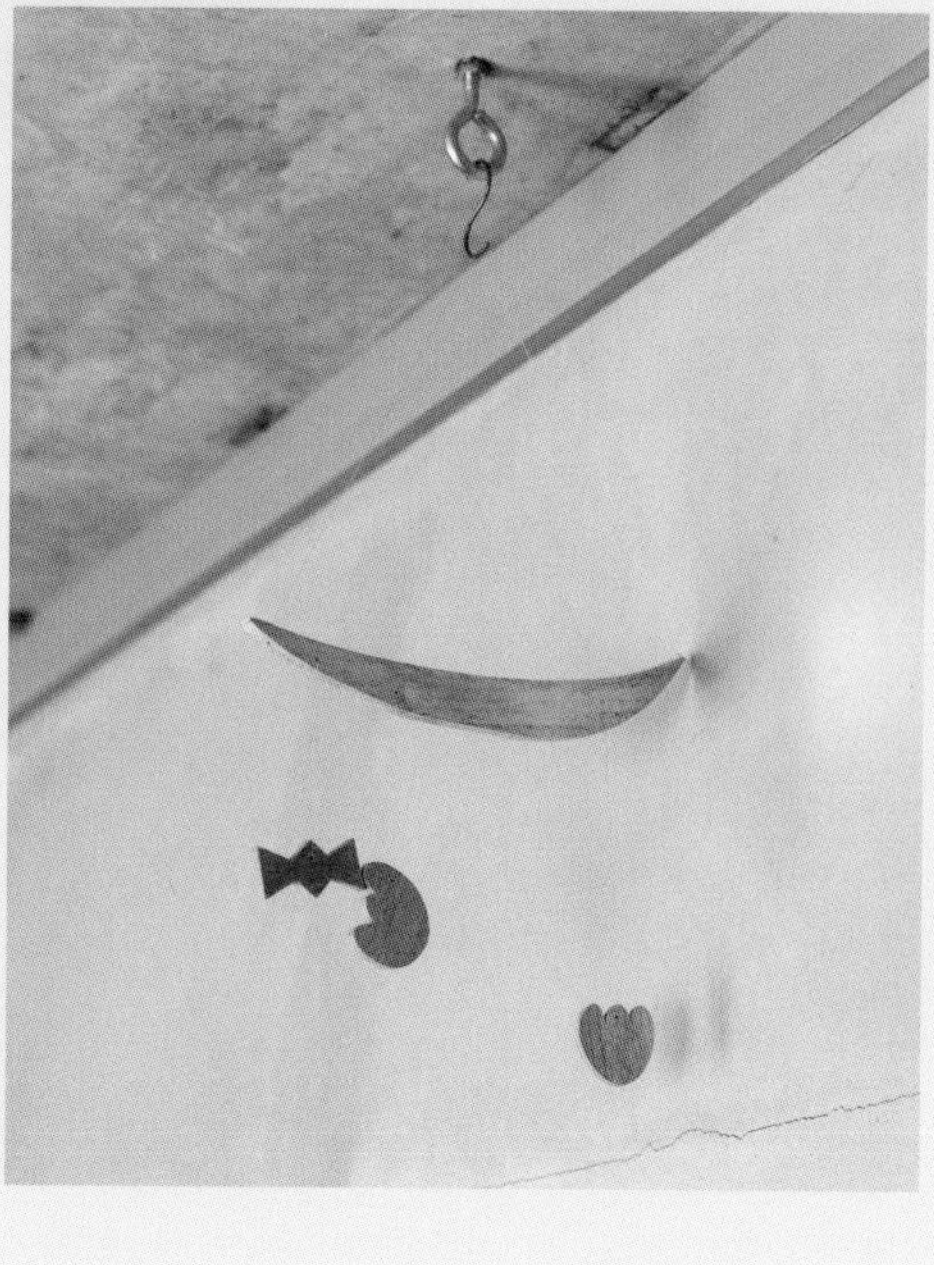

うだまさしさんのワークショップで、娘が着色した木製のモビールです。冷たく感じるコンクリートの壁にやさしい表情が揺れています。

彦坂木版工房さん

彦坂有紀さんと、もりといずみさんが2010年より始めた木版工房。木版の魅力を伝えるため展示会やワークショップ、絵本、パッケージ、広告など幅広く手がけています。雑貨のウェブショップを始める前から大ファンで、娘と一緒に絵本も楽しんでいます。

「ルヴァン」のフィグノアを描いた木版画は、わが家の宝物。色々な食べ物の絵を描いている2人ですが、パンが描かれたシリーズがとくに人気です。

スイカの木版画はワークショップで2人に教えてもらって娘が刷ったもの。絵本『パンどうぞ』（講談社）は、おいしそうなパンがたくさん登場します。

iriki さん

自然の中にあるおもしろいかたちのもの、動物、植物などを、おもちゃ、インテリアグッズ、テーブルアイテムなどさまざまなかたちで表現。無垢の木材を切り出し、着色をするまで、ひとつひとつ手作業で行っています。やわらかな色合いが、暮らしにやさしい表情を与えてくれます。

無垢の木材をカットしてつくられたオブジェ。見るたびに笑みがこぼれる愛らしさ。

独特の色合いは、わくわく楽しさを誘います。お花のように小瓶にさして。

ダイニングの上空を飛ぶ鳥のモビール。パタパタと飛ぶ姿がかわいらしいです。

ドライフラワーをあらゆるところに

カーテンレールの上のリースとスワッグは、娘の1歳の誕生日のときにつくってもらったもの。殺風景だったカーテンレールの上が華やぎました。

わが家のいたるところに飾られているのがドライフラワー。娘の誕生日や結婚記念日など、わが家にお花があるのは特別な時。大切なものなので捨てたくないし、かたちを残しておきたい。そんな気持ちからドライフラワーをつくるようになりました。つくるといっても逆さまに吊るすだけ。旅行や帰省など、数日家を留守にするときがドライフラワーをつくるタイミングです。帰宅する頃うまく水分も抜けてきます。リース、スワッグ、ブーケ、大切な思い出で家の中が埋め尽くされたら素敵。

4

1

2

5

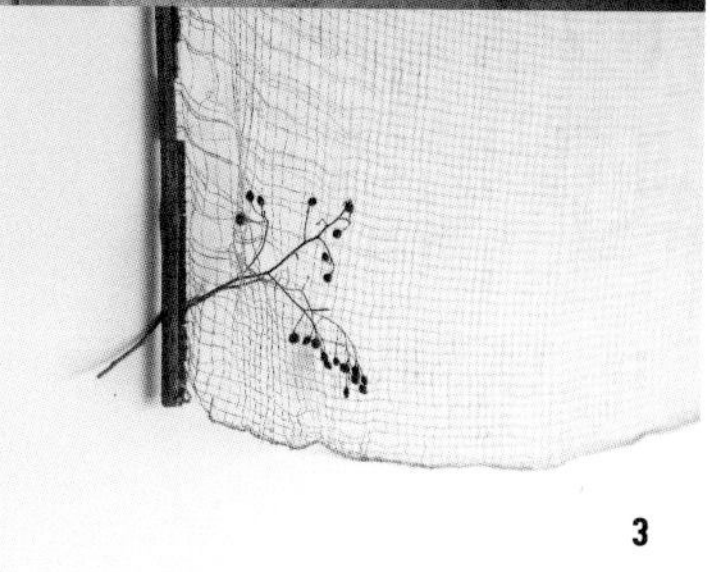
3

1. 福岡の護国神社蚤の市で見つけたもの。ドライフラワーの寿命は1年といわれるなか、すでに数年わが家に華やぎを添えてくれています。 **2.** センス抜群の友人から新築祝いにいただいたドライフラワーのアレンジメント。 **3.** 陶器市の際に寄った古道具屋さんで見つけた蚕網にドライフラワーをさしたもの。 **4.** 大切な友人からいただいた新築祝いです。
5. お花屋さんのワークショップのイベントで、当時2歳の娘と一緒につくったリース。

何はなくともかごを買って帰る

母のかご好きを受け継いで、わたしも幼い頃からかごが大好きでした。母もかごをたくさん持っていましたが、その中でもわたしのお気に入りは小さなかごたち。それをシルバニアファミリー（エポック社）の動物たちに持たせて遊んでいた記憶があります。

実用品として好きになったのは、夫と2人で暮らし始めた頃。新生活に向けてかごをいろいろ買うようになりました。なかにはいわゆるかごバッグもありましたが、外出用ではなく家に置く収納道具として使っていました。このかたちは入れやすい、この大きさは使いやすい……、なんでも気にせずポンポン入れられるかごはとても便利でますます好きになり、これだけは直感で買い集めています。

網目の細かいものが好みです。グリーンを入れている「イケア」のかごはかなりのリピート率。家に7個あります。

わが家ではめずらしい柳のかごも、「イケア」で見つけました。キリムのクッションやイブルを入れています。

旅先や帰省中、道の駅、蚤の市、陶器市……、かごは遠出した先で購入をすることも多々あります。かたちや大きさは気にしません。色みや網目幅の好みのものに出会ったらつい買ってしまうので、大きなかごを抱えて新幹線に乗ることもしばしば。用途は大概、持ち帰ってから考えます。お弁当を入れて出かけてもいいし、タッパーをまとめて入れるのもいい、洗濯かごに使うのもいい。その用途が終わっても、その次、その次と、暮らしに応じて使い方を変えられるのもかごのいいところだと思います。

Column 3 （ホームセンターやネットショップ、リユースも最大利用）

古家具のイメージが強いせいか、わが家にはあまりプチプラのものがないと思われる方も多いようです。「イケア」や「無印良品」のアイテムがすごく多いことを伝えると、驚かれることも。「Ｓｅｒ：ｉａ」などの１００円ショップで買ったアイテムもたくさんありますし、ホームセンターでも何か使えるものはないか？　常に探しています。とくにホームセンターの「スーパービバホーム」はお宝の山。最初はリノベーションで使うパーツを探しにいったのですが、意外なことに日用品でも好みのものが見つかるのです。

キッチンに置いてある竹ざる（右2つ）と上に吊るした鍋敷きは「スーパービバホーム」で購入。

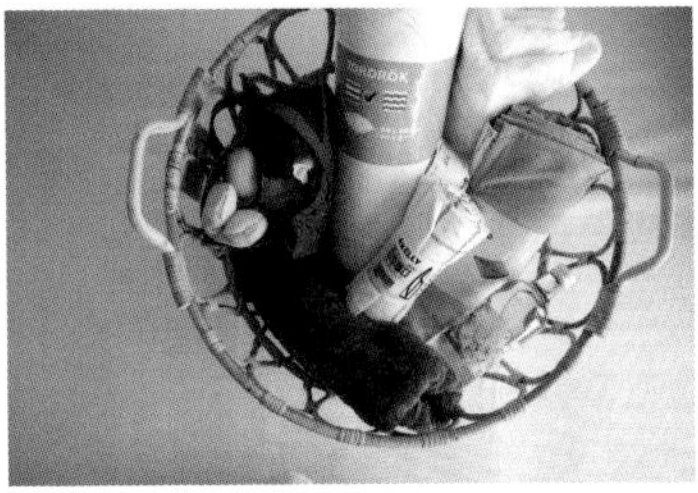

こちらはすべて「イケア」で購入。かご、タオル、枕、ふきん、おままごとセットなど。

また欲しいものがどうしても見つからないときは、諦めずにネットショップで検索し続けます。リノベーションで必要だったものなどはたいていネットで見つかりました。

リユースものももちろん大歓迎。とくに「メルカリ」を通じては相当数のものをわが家に迎え入れています。キリムはもちろん、ランプシェードや照明につけるパーツなども見つかるので、本当に便利です。

また実家から持ってきたものも大切に使っています。小上がりに置いてある子ども用の椅子は、わたしが子どもの頃使っていたもの。両親が「イトーヨーカドー」で買ってくれました。今では娘のお気に入りです。

3

至福のキッチン
&ダイニング

Kitchen & Dining

すべてを見せることにしたら お気に入りだけの機能的なキッチンに

家の中でいちばん好きな場所はキッチンです。朝起きて、窓を開けて、キッチンをぐるり見渡す瞬間はまさに至福の時。本当に好きなものだけで構成された空間は、見ているだけでワクワクします。家のことについてはたいてい夫と相談をしながら決めますが、キッチンに関してはわたしに一任してくれています。

システムキッチンは「サンワカンパニー」のものを使っています。ステンレスのコンロ、シンク、ワークトップ、レンジフードを選んで組み合わせました。システムキッチンはたくさんの引き出しで埋め尽くされているイメージがありますが、わが家のキッ

●この本をどこでお知りになりましたか?(複数回答可)

1.書店で実物を見て　　2.知人にすすめられて
3.テレビで観た(番組名:　　)
4.ラジオで聴いた(番組名:　　)
5.新聞・雑誌の書評や記事(紙・誌名:　　)
6.インターネットで(具体的に:　　)
7.新聞広告(　　新聞)　　8.その他(　　)

●購入された動機は何ですか?(複数回答可)

1.タイトルにひかれた　　2.テーマに興味をもった
3.装丁・デザインにひかれた　　4.広告や書評にひかれた
5.その他(　　)

●この本で特に良かったページはありますか?

[　　]

●最近気になる人や話題はありますか?

[　　]

●この本についてのご意見・ご感想をお書きください。

[　　]

以上となります。ご協力ありがとうございました。

お手数ですが
切手を
お貼りください

郵便はがき

150-8482

東京都渋谷区恵比寿4-4-9
えびす大黒ビル
ワニブックス 書籍編集部

お買い求めいただいた本のタイトル

本書をお買い上げいただきまして、誠にありがとうございます。
本アンケートにお答えいただけたら幸いです。
ご返信いただいた方の中から、
抽選で毎月５名様に図書カード(1000円分)をプレゼントします。

ご住所 〒 TEL(　　-　　-　　)	
(ふりがな) お名前	
ご職業	年齢　　歳 性別　男・女
いただいたご感想を、新聞広告などに匿名で使用してもよろしいですか?　(はい・いいえ)	

※ご記入いただいた「個人情報」は、許可なく他の目的で使用することはありません。
※いただいたご感想は、一部内容を改変させていただく可能性があります。

炊飯器はぴったりくる置き場所がなかったので、「イケア」のスツールにのせてキッチンのそばに置くことが多いです。布をかけておくと、黒い部分だけが見えて台所全体のテイストにマッチしています。

チンに引き出しはひとつだけ。あえてそれを選んだのです。

キッチンで使う、うつわ、道具、かごは、どれも好きなものばかり。隠してしまうのはもったいないので、見せる収納にしたい。とにかくなんでも並べます。うつわはもちろん、鍋敷き、茶こし、コーヒードリッパー、おたま、包丁、カッティングボード……、使い勝手を考え、試行錯誤をしながら今のポジションにたどり着きました。すべて見えるので、お料理も後片付けも効率がよくなります。鍋も調味料も一目瞭然、どこに何があるかお客さまでも分かります。

大切だけど、見た目が好きではないものもいくつかあります。そういうものは目につかないよう工夫をします。小さいものならかごや木箱にまとめて収納。また、全体を見せたくないもののひとつが炊飯器。ごはんがすごく美味しく炊けるものなのですが、フタの色合いが今ひとつ、キッチンになじみません。そこで上から布をかけて目隠しをしています。

かご、箱、袋がわが家の引き出し

お気に入りのもので埋め尽くされたキッチン。見せる収納にしたら景色がいいだけでなく、どこに何があるのか一目瞭然で使いやすくなっています。普段あまり使わないものや、あまり見せたくないものは、かご、箱、紙袋に入れて収納。キッチン唯一の引き出しには、カトラリーや調理道具などの細々したもの、カラフルであまり見せたくないものを収納しています。

普段使いの食器はウォールシェルフに並べています。毎日使うものは、すぐ手の届く場所に置いています。

圷家のブラックボックス。この中にはキャラクターの絵皿などをこっそりしまっています。

水のストックや野菜もかごにポイポイ。床に直置きしてもかごならかわいい。

大きなざるやフライパンなどはS字フックを使って、換気扇から吊るしています。

換気扇の上に大きなかごをオン。デッドスペースもかごがあれば立派な収納スペースに。

コーヒードリッパーやスパチュラ、鍋敷きなどはツールバーに吊り下げています。

ガス台の足元には「イケア」のゴミ箱を。燃えるゴミ、燃えないゴミに分けています。それ以外はゴミ箱の後ろにこっそりと。

引き出しにはカトラリーやラップ、お茶パックなどの細々したものを。「無印良品」と「セリア」の仕分け用ケースを使ってすっきりと。

なんでもポイポイ。片付けが苦手でもカンタンなかご収納

1

お菓子づくりのかご

家でお菓子をつくるときに登場する焼き型いろいろ。かごは益子にある「益古時計」で購入。

2

クスリかご

益子の陶器市に毎年出店しているかご屋さんで購入したかごです。薬類を入れて高い位置で保管。

3

お弁当セット

お弁当セットは母から譲り受けたかごに。お弁当は毎日ではないので、高い場所で保管。

4

タッパーのかご

大阪の大陶器市から持ち帰った大きなかごには、さまざまなサイズのプラスチック容器をポイポイ。

5

おやつのかご

道の駅で買った大きなかごには、おやつやお茶などをポイポイポイ。娘の手の届く場所に。

6

キャンプ用品のかご

「無印良品」のステンレスワイヤーバスケットには、キャンプで使うケトルなどを入れています。

7

ふきんのかご

キッチンでよく使うリネン類は、シンクの側の「無印良品」のステンレスワイヤーバスケットにまとめています。

8

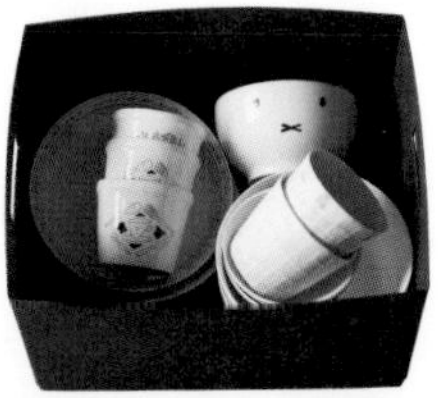

圷家のブラックボックス

なかなか手放すことのできないキャラクター系のうつわは、黒い箱にこっそり隠して。

9

ペットボトルのかご

よく使うペットボトルのお水は、「ナイーフ」で買ったかごに入れて、冷蔵庫横でスタンバイ。

10

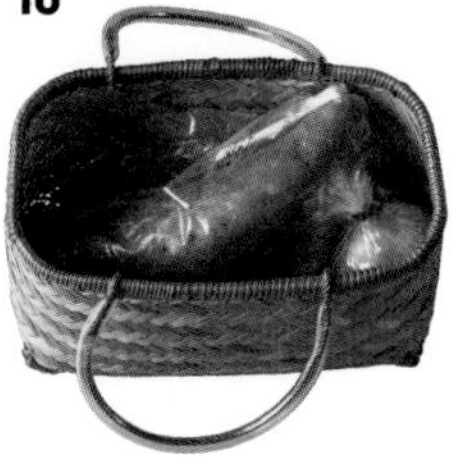

野菜のかご

湯布院の温泉から持ち帰ってきたかごには、野菜を入れて、床に直置きしています。

11

スタンバイボックス

「サリュー」で買った木箱には、出番の少なくなった水筒や子ども用のお皿などを。

12

ジップロックの箱

「イケア」の木箱です。ジップロックやコーヒーフィルター、替えのスポンジなどを入れています。

13

目隠しの箱

たこ焼き機の派手な箱はあまり見せたくないので、「無印良品」のダンボールファイルボックスに。

14

ゴミ用のかご

ゴミ袋のストックや資源ごみなどは、「イケア」の大きなかごにまとめています。

袋はどうしても捨てられない

かわいい紙袋が大好きです。とくに気に入った紙袋は、収納アイテムとして活用しています。たとえば旅行で訪れたハワイの「ホールフーズマーケット」の紙袋。中には、紙コップや紙皿など子どものパーティーグッズを入れています。デザインがかわいいので、見えてもインテリアの邪魔になりません。紙素材＋茶色が部屋の景色に馴染んでくれます。

「ホールフーズマーケット」の紙袋には、小さなお客さんが来たときに使う紙皿や紙コップ類を。かき氷機はビニール袋だけだと見栄えがよくないので、紙袋に入れて保管しています。リユースできるプラスチックバッグや紙袋は「ロミユニ」の紙袋にまとめています。

よく使うものはワークトップへ

毎日使うものはすぐ使えるよう、ワークトップに並べて置いています。そのとき活躍するのが「ハリオ」「イケア」「KINTO」のキャニスターです。ガラス製なので、何が入っているか一目で分かりますし、並んでいる様子もかわいいので気に入っています。菜箸、木製のカトラリー、ルイボスティーのセットは「無印良品」の小さなかごにまとめて。コーンフレーク、コーヒー、お米は小出しにして入れ替えるようにしています。キャニスターに入りきらなかった分は、冷蔵庫やかごにストックしています。

調味料は いちばん使う場所にセッティング

インスタグラムで、調味料はどこにしまっているのですか？　という質問をいただきました。調味料を入れる引き出しなどもないので、いちばん使う場所の近くに置いています。

外に出して置く場合、気になるのはパッケージ。わたしは水のペットボトルなども含め、ほとんど先に剥がして使います。オイル類などもなるべく小さいボトルを選び、パッケージを剥がして、お菓子用のパウンド型に入れてコンロの脇に置いています。塩、砂糖、片栗粉などは「イケア」のガラスコンテナに移し替えて、コンロの脇に並べています。

テーマカラーを決めて統一感を出す

わが家の基本カラーは、木床のブラウン、壁のグレー、壁のホワイトの3色。キッチンダイニングはさらにステンレスなどのシルバーが加わります。そこにアクセントカラーとしてブラックを投入。ケトル、キッチンペーパーホルダー、鍋蓋ホルダー、ゴミ箱など、ディテールを黒で統一することで、キリッと引き締まった雰囲気に。

テーマカラーを決めておくと、何かを買い足すときに色で悩んでしまうということがありませんし、調和された空間をキープすることができます。

キッチンまわりの決まりごと

市販のパッケージやラベルを剥がして

市販の洗剤や調味料のパッケージやラベルの主張が強く、目立つので、なるべく剥がすようにしています。台所用洗剤もパッケージを剥がしたらわが家のキッチンに馴染むように。ハンドソープは「無印良品」のPET詰替ボトルを愛用しています。

水切りネットは壺に入れて姿を隠す

汚れやすい排水溝まわりは常にきれいにしておきたいので、すぐ手の届く場所に水切りネットを常備しています。実はこの壺、わたしの陶芸デビュー作。なにかに使えないかと、キッチンをウロウロしていたら、この場所に収まるように。うまく目隠しになってくれます。

娘のお手伝いセットは手の届く場所に

最近は娘もお手伝いをしてくれるようになりました。草木の水やり係を任命したところ、毎日せっせと世話をしているようです。なので、水やり用のノズル付きのポリボトルとスプレーは手の届く低い場所に常備。隣のガラスジャーには食洗機用洗剤が入っています。

薬品や洗剤などは手の届かない場所へ

キッチンまわりで使う塩素系漂白剤など、誤飲の恐れのあるものは娘の手の届かない場所へ。トートバッグにひとまとめにして、高い位置に吊るしています。使うときにさっと下ろして、使い終わったらパッと上げる。お気に入りのuzakiさんのリネンバッグです。

「イケア」が大好き！

「イケア」にはじめて訪れたのは、港北のお店ができてすぐの頃。当時はまだ学生で、家具から雑貨まで、安くてかわいいものがたくさんある光景に感動したのを覚えています。結婚するとき、出産準備のとき、そのときどきで手に取るものは変わりましたが、「イケア」が大好きなことは変わりません。

「イケア」のいいところはシンプルで合わせやすいところ。同じ入れ物でも使い方は人それぞれなので、アイデア次第で自分らしく使うことができます。

最近では娘も「イケア」が大好き。家族3人で訪れたら、ホットドッグとソフトクリームを食べるのが定番です。あと最近はコーディアルシロップにもはまっています。

家中で「イケア」の商品をたくさん使っています。とくにキッチンで大活躍。包丁やナイフ、ピーラー、キッチンバサミなどを磁石で収納できるバーを設置。その他、ビン類やコーヒードリッパーも好みのものが見つかります。

TOOL BAR ツールバー

ツールバーとS字フックを組み合わせたウォール収納。スパチュラはもちろん、鍋敷き、おたま置き、コーヒードリッパーなど、よく使うお気に入りを並べています。

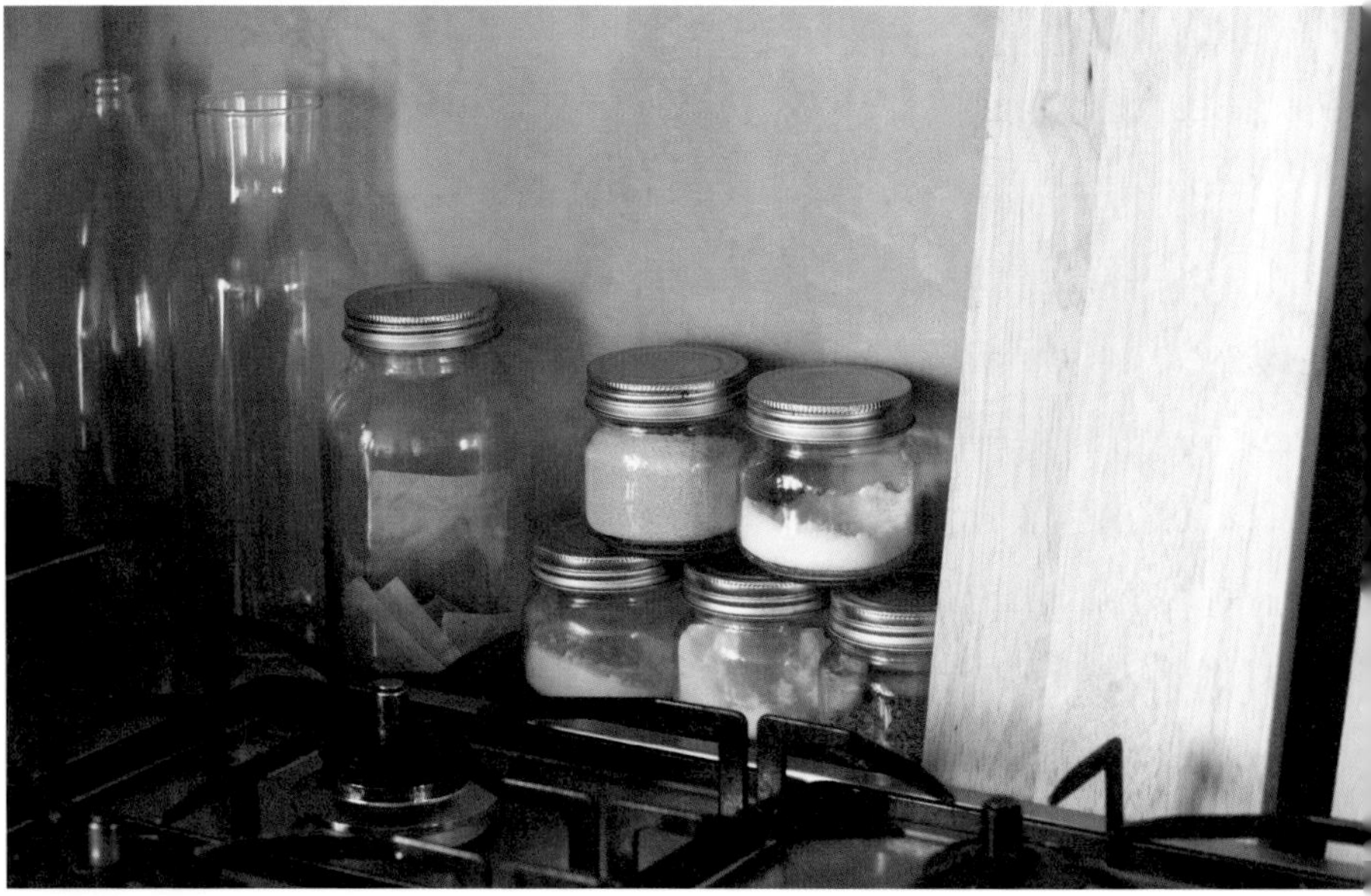

GLASS JARS 1 ガラスジャー1

小さなガラスジャーには、塩、砂糖、片栗粉、ハーブソルト、花見糖を。大きいジャーには出汁パックを入れています。「イケア」の大きなガラスジャーは、ひとつ200円しないくらい。

GOBLETS　ゴブレット

「イケア」の356+シリーズのもの。普段使いにぴったりなゴブレットはスタッキングもできます。

GLASS JARS 2　ガラスジャー2

水差しに使ったり、クッキーを入れたり。あれこれ使えるので重宝しています。

PLATTER　大皿

娘のお友達が遊びにきたとき、この大皿にお菓子を入れて出します。竹製なので安心して並べられます。

STOOL　スツール

お客さま用の椅子として、ベッドのサイドテーブルとして……、その使い道は自由自在。ときには娘のお絵かきテーブルになることも。スタッキングできるので収納場所もとりません。

FRYING PAN　フライパン

フライパンは手前から「イケア」「工房アイザワ」「柳宗理」のものです。お鍋も「イケア」のものを使用しています。

Column 4

「イケア」のビジュアルに出演しました

ある日、わたし宛に英語のメールが届きました。差出人には「IKEA producer」とあります。最初はスパムメールかと警戒しましたが、「イケア」ファンとしてはどうしても気になります。ドメインが本物かどうかを調べてから、思い切って開いてみると、そこには英語でこう書かれていました。「イケアのファミリーカードのビジュアルを変えるんだけど、ぜひお宅に伺わせてほしい。写真を撮らせてくれないか？」まさかの光栄すぎるオファーに、うちでいいのかな？　なんでうちなのかな？　と1週間ほど悩んだすえ、記念にもなるしお受けしようと決めました。

撮影当日、スウェーデンの本社から4名、日本から1名、合計5名のイケアスタッフがわが家に来訪されました。「どうしてわ

が家が撮影に選ばれたんですか？」という質問には、「古道具や小上がりとイケアの商品の共存がすばらしい」とのこと。インスタグラムでわが家の様子を見て、イケア商品がたくさん置いてあるのをチェックされていたようなのです。イケアのビジュアルには通常、イケアの社員の方が登場しているそうで、イケアと関係のない一般人が撮影されるのは珍しいとか。朝から夕方までかかった撮影は無事終了しました。

　わたしたちの写真が店頭に掲載されると聞き、早速家族３人で様子を見に行って驚きました。入口の大きなポスターや店頭パンフレット、店内のパソコントップ画面、いたるところにわたしたち家族がいるのです。トイレで一息ついたときも目の前に目が半開きのわたしの顔。出演していることは誰にも言ってなかったのに、知り合いの方に「イケアで働いているの？」と聞かれるまでに。恥ずかしいけれどとても素敵ないい思い出になりました。

うつわのこと

うつわはわたしの趣味です。会社勤めを辞めて雑貨店に勤めたとき、いろんな作家さんがいらっしゃることを知りました。時間ができたらうつわを見に、あちこちのお店を回るように。益子の陶器市にも訪れるようになりました。昔はパッと見てかわいらしいポイントのあるものが好きでしたが、最近はかたちや素材、色など全体のバランスを見るようになりました。見えないところにポイントがあるものにも惹かれます。

家にあるうつわは、作家さんを通じてひとつひとつ選んだわたしの宝物。手作業でつくられるうつわは愛着がわきますし、おばあちゃんになるまで大切に使いたいと思います。いいうつわは心も食卓も豊かにしてくれる、そんな気がします。

スタメン食器はこれだけ

普段使いのうつわはスタメンを決めて、家事の効率化に役立てています。レンジの上に置いてあるのは朝ごはんセット。朝はパン食が多いので、プレート類が中心です。みんなの朝食をササッと盛り付けて、パパッと片付けます。ウォールシェルフにあるのは夜ごはんセット。お茶碗と汁椀を中心に、よく使う食器を並べています。

いざキッチンに立ってみると広くて動きにくかったのですが、この場所にまとめたら家事動線も決まってラクになりました。その他のうつわは大きい食器棚に並べています。

どんなうつわも使い倒す気持ちで

大好きな作家さんの大事なうつわであっても、必ず普段から使うようにしています。うつわは使ってなんぼ。壊したらいけないからと、使わずに飾っておくだけでは、うつわの良さを本当に感じることはできないと思うのです。

だから普段の食卓にも、娘のおやつにも、出し惜しみせず作家さんのうつわを使います。子どもも大事に使うのか、意外と壊されたことはありません。

大好きな作家さんのうつわを紹介します!

オノエコウタさん

東京、八王子にアトリエを構えるオノエコウタさんの作品です。みんなでおかずを取り分ける大皿料理のときに活躍する大鉢です。とくにサラダを盛り付けたときの美しさは格別。シルエットがたまりません。

渡辺キエさん

益子に移り住み制作をされている渡辺さんの作品は、流麗な線の細さがたまらなくツボ。陶器のような磁器の小皿は、おはぎをひとつだけのせたり、お漬物をのせたりして使っています。

桑原典子さん

マットな質感や、薄く繊細な口辺に一目惚れ。カップにコーヒーを、小さなボウルにフルーツやヨーグルトを、桑原さんのうつわはお休みの日の朝ごはんをとても贅沢な時間にしてくれます。

中村恵子さん

益子の人気陶芸作家、中村さんのうつわは、ぽてっとしたフォルムに手しごとならではのあたたかみを感じます。先日、家族3人分のごはん茶碗を購入しました。白いごはんがより一層美味しくいただけます。

今井律湖 さん

益子の陶器市でお見かけして、その作風に惚れ込みました。それまでマットなうつわが好みでしたが、益子焼らしい土っぽさと艶感に打ちのめされたのです。これは夫とわたしが毎日使っているマグです。

うだまさし さん

4年くらい前、娘の離乳食用に購入した木製スプーンをきっかけにうださんの作品を集めるように。カトラリー、うつわ、ランプシェード、カッティングボード、どれもわが家に欠かせない存在です。

櫻井薫 さん

昨年より益子で作陶を始められた櫻井さんの透明感のあるうつわ。この色合いにときめきを覚え、思わず手に取りました。みずみずしいフルーツやサラダの盛り付けに使っています。

成井窯 さん

わが家の餃子は成井窯さんの大皿にのって食卓に上がります。土っぽさを感じるお皿は一枚一枚表情が異なるので、お気に入りを見つけたら即買が鉄則です。リーズナブルなのも嬉しいポイント。

井山三希子 さん

長年愛用しているわが家のスタンダード。手作りならではの縁のゆるい感じと、くっきりはっきりとした白とマットな質感は、どんなお料理にもよく映えます。おもに朝ごはん用のパンやホットケーキをのせています。

町田裕也 さん

シンプルなデザインのなかにも温もりを感じる町田さんのうつわは、わたしの主宰する「acutti」でもお取り扱いをしています。素朴で普段使いのしやすい愛着のわくうつわは、毎日使っています。

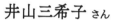

Column 5 益子の陶器市

栃木県出身なのですが、地元に住んでいた頃は「益子陶器市」へ行ったことがありませんでした。

わたしが行き始めたのは、7年ほど前から。インスタグラムで朝ごはんの写真を撮るようになって、うつわのことをもっと知りたくなったのと、将来お店を開きたいと思っていたのでいろんな作家さんを知りたいと思ったから。

訪れてみてびっくり。世界が広がるというと大げさかもしれませんが、たくさんの作家さんがいらして、いろんな種類のうつわがあって、こんな世界があったんだと、わくわくしたのを覚えてい

「益子陶器市」に行くと決まったら、行くエリアをチェックしたり会いたい人に連絡して家族総出で出かけます。一泊二日は大忙し。

ます。

以来、春のGWと秋の11月初めに開催される「益子陶器市」に行くのがわが家の一大イベントになりました。

「益子陶器市」には販売店約50店舗の他、数多くのテントが立ち並び、作家の方たちと直接お会いすることもできます。益子焼は近年、新進作家の方も多く参入され、大変な人気を博しています。

行く前にはインスタグラムのハッシュタグで様子を確認したり、新しいエリアができていたら状況を探ったり、ランチはどこにしようかと悩んだり。陶器市の後は、益子焼や古道具を探しに、「スターネット」や「ペジテ」といった名店を訪ねることも欠かせません。

こちらは「益子陶器市」で出会った今井律湖さんの作品。今井さんのカップは、家でも毎日使っています。

4

収納

Storage

収納はかご、箱、袋にポイポイ

布バッグにポイポイ、木箱にポイポイ、ポイポイ入れる収納は、昔から片付けの一環として無意識に実行していました。娘が生まれて細々したものが増えると、意識的にかごにポイポイするように。収納にプラスチック製のボックスを使っていたこともあるのですが、それがある風景があまり落ち着かないので使うのをやめました。

お気に入りのかごにポイポイ入れる収納はいいことがたくさんあります。引き出し感覚で仕分けられますが、引き出しのようにきっちり入れなくてもOKですし、何よりも並んでいる様子がかわいいのです。「おやつのかご」「お弁当箱のかご」と、用途と場所を決めてあげるだけでものがスッキリ片付きます。

（右）リビングのテレビ台の下にも、かご収納を。左の「イケア」のかごにはわたしの細々したものを、右のネットで購入したかごには夫の持ち物を入れています。（左）掃除はおもに洗面台に置いてある「マキタ」の掃除機をひたすらかけています。

家の中にはいつの間にかかごがたくさん集まっていて、数えてみたら実に30個のかごが収納アイテムとして活躍していました。種類は大きいものから小さいものまで、素材もかたちも実にさまざまです。用途を考えて購入することは少なく、そのつくりに惚れ込み持ち帰ってから何に使おうか考えます。かご以外にもりんご、トタン、ダンボールなどの箱や、紙袋やエコバッグなどの袋類もポイポイ収納に活用しています。

ポイポイ収納をするとき、唯一決めているルールは、カテゴリーごとに入れるものを分けること。細々したものがまとまっているだけで、掃除の手間もやる気も格段に違ってくるので、家事の効率アップにもつながっています。

雑誌やインスタグラムで見かけるきっちり気持ちのいい収納に実は憧れていた時期もありました。でもズボラなわたしには不向きなことは明確。収納は自分が無理をしない、継続できる範囲でやることが大切だと思います。

便利なりんご箱

底ありと底なしタイプを、場所に応じて使い分けています。サイズは約奥行き30×横62×高さ31cm。

はじめは「便利な木箱だな」と、なんの気なしに購入したのですが、のちにそれがりんご箱だとＳＮＳで知りました。安価なうえ、とても使いやすいので、「メルカリ」を通じてリピート買いをしています。とにかくわが家では大重宝！　置き方は縦横自由。洋服に、おもちゃに、お鍋に、サイズもほどよく大きいので、なんでもしまうことができます。棚のように積み上げることもできますし、木目がかわいいので撮影小道具として用いたことも。キャンプのときは、移動時は荷物入れとして、キャンプ先ではテーブルとして大活躍。用途は収納だけにとどまりません。

カラーボックスやプラスチック製品はわが家のインテリアになじまなかったので、りんご箱に出会えてラッキーでした。

クローゼットの床面には7つのりんご箱を並べて使っています。積み重ねても安定感があり、かごとの相性もいいようです。

キッチンのワークトップの下スペースにりんご箱を置いて、デッドスペースを有効活用。底なしタイプのりんご箱なのでちょうどいい仕切りに。サイズも見事にぴったりでした。

洋服の収納はクローゼットとラックで

共有スペースを大きくするため、寝室は最小限のスペースに。家族全員の洋服の収納も、限られたスペースをフル活用して工夫しています。

ベッドルームと廊下からアクセスできるウォークスルークローゼットは、着道楽の夫のこだわり。朝起きて、クローゼットで洋服を選びバスルームへ……という導線が出来上がりました。クローゼットに収納しているのは夫とわたしの洋服のみ。上段には「イケア」の黒いボックスを並べてバッグや帽子などの

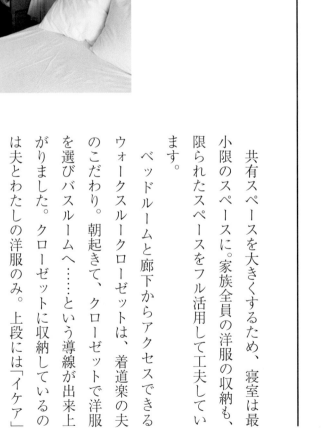

小物類を。りんご箱を重ねてつくった棚にはボトムやシャツ、ソックスなどを収納。ちなみにクローゼットの7割は夫のもの。わたしは引っ越しの際、断捨離を決行し洋服の数をだいぶ減らしました。

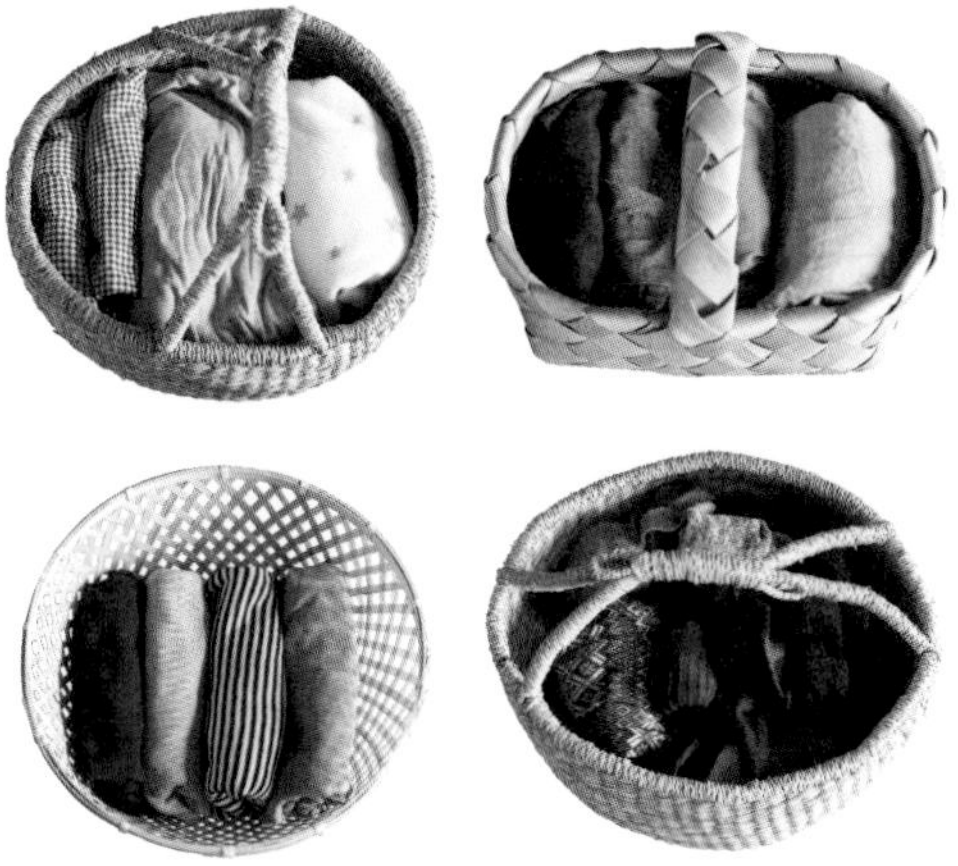

クローゼットにも引き出しはありません。夫のソックスのかご、パジャマのかごなど、ここでもかごが大活躍です。

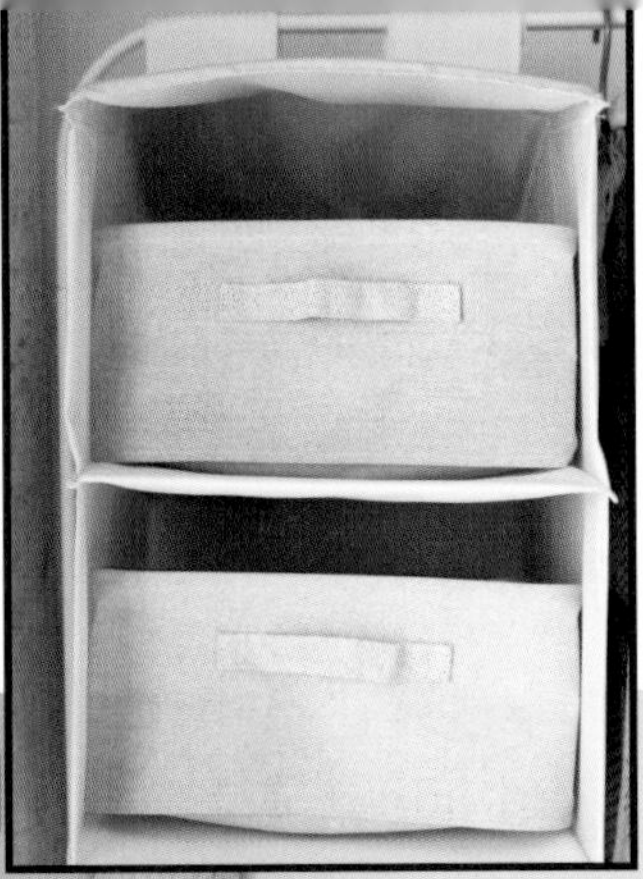

「イケア」と「無印良品」のコラボレーション。わが家ではめずらしい引き出し仕様です。小さなものや肌着の収納にぴったり。

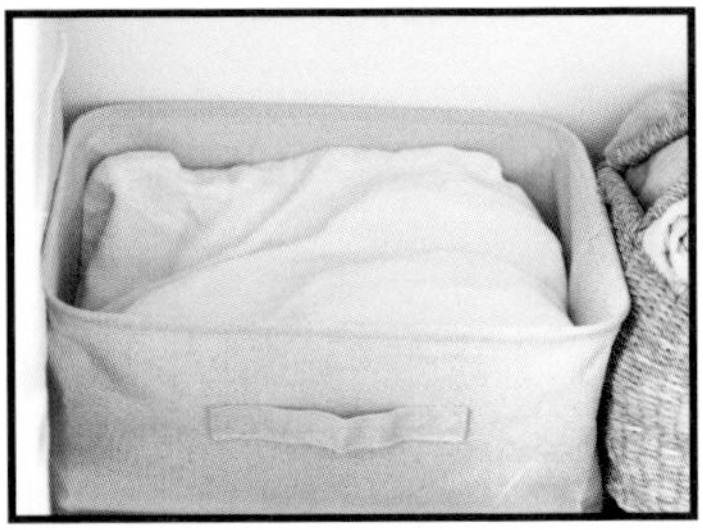

シーツやベッドカバーなどの大物は、床に直置きした大きいサイズのソフトボックスへ。

洗濯→すぐ片付けるシステム

洗濯は毎日します。バルコニーは家の南側で、物干し竿に対応しているスペースはちょうどベッドルームの前あたり。乾いた洗濯物を取り込んでそのまましまえたら便利だと思い、窓際にラックを設置しました。

「イケア」の衣装ラックに吊り下げ収納を組み合わせ、引き出しとして「無印良品」のソフトボックスを投入。おもに娘の服、肌着、シーツなどを収納しています。

それによって洗濯物を取り込んだら片付いている、気持ちのいいシステムが出来上がりました。

中身さえ分かっていれば袋収納も機能する

リビングの入口近くに置いた袖づくえの脇に、玄関のツールバーに、家のあちらこちらに袋やバッグがぶら下がっています。これもれっきとした収納場所。ハンカチの袋、診察券等の袋、雨具やアウトドアグッズの袋……と、役割を分担することで、いわゆる引き出しの役割をはたしてくれます。

大事なのは動線。お出かけの順番に合わせて袋を配置します。診察券など大事なものは家の中央に、ハンカチやエコバッグなどお出かけの必需品は玄関の近くに。ものの場所を決めてあげることで、家の中も片付きますし、忘れ物をしない仕組みになっています。どれもお気に入りの袋やバッグなので、景色を壊すこともありません。

大事なもの

リビングの袖づくえには診察券やポイントカードなどをひとまとめにした巾着袋が。家の中央にあるので、お出かけ前に必要なものを取り出して携帯します。娘のリュックサックはいつも空っぽで、週末のお出かけ時に自分で選んだおもちゃを入れて背負って行きます。

お出かけグッズ

玄関のツールバーに下げた、緑の取っ手のトートバッグにはシャボン玉やレジャーシートなど、外遊びグッズを。白のトートにはカッパや虫除けを。自作の青い布バッグにはエコバッグを大量に。白いエコバッグにはハンカチを入れています。

収納にも「無印良品」が大活躍

暮らしの道具で、「これが欲しい！」と思ったときはまず、「無印良品」を見に行きます。シンプルで飽きのこないデザインはもちろん、もし壊したり紛失したりしても同じ商品が買い足せるという安心感もあります。

「無印良品」のアイテムは、洗面所の大きな鏡、お風呂のスポンジやタオルまで、さまざまなものを愛用していますが、特筆すべきは収納アイテムです。硬質パルプ、帆布、ステンレス、ダンボールのボックスやかごはとても重宝しています。ポリエチレンのシリーズも使い勝手が良さそうですが、わが家になじみのいいのは前者かと思います。すっきりしたデザインで、使いやすいのでおもに仕事まわりで活躍しています。

1.2.ステンレスのワイヤーバスケットもいくつかあります。小物をまとめるのに使ったり、キッチンリネンやタオルを入れたり。**3.**ウォールシェルフのトタンボックスとファイルボックスに仕事関係の書類をひとまとめにしています。**4.**クローゼットに置いた頑丈な硬質パルプボックスにはパジャマの洗い替えを入れています。**5.**コシャー箱を家のあちこちに置いています。フランスの公的機関でも使用されているそう。

玄関もオープン収納

引っ越してきた当初、娘はまだ2歳になる頃でベビーカーに乗っていたこともあり、玄関はできるだけ広くつくるよう工夫をしました。左脇にあったトイレのスペースを削って、玄関の幅をググッと拡張。新しくできた余地にウォールシェルフをつくり、3人分の靴を並べました。扉をつけないことで圧迫感のない、広がりを感じる空間になりました。対抗面の壁にはツールバーを設置。お出かけの道具をトートバッグに入れて吊るしています。高い位置にもものが置けるよう、壁にはフックをいくつか。

おかげで希望通りの広くて使いやすい玄関が完成しました。モルタル仕上げのたたきが靴でいっぱいにならないよう、お互い靴の出しっ放しには気をつけています。

ウォールシェルフの横には「イケア」で買ったフックを。鍵はここに。

「イケア」のツールバーにS字フックをつけて「L.L.bean」のトートをふたつ下げています。

壁に立てかけたハシゴにも布バッグを吊るして。ハシゴは半分に折るとタオル掛けになります。

ウォールシェルフの上には、並べきれなかったサンダルをかごに入れています。

福岡の護国神社で購入したかごには、シューキーパーなどを詰め込んで。

洗面所はコンパクトに

玄関を広くするために、スペースが削られたわが家の洗面所。広さと使いやすさを優先して、トイレのドアは撤去。洗面所とトイレを一体化させました。

ここには化粧品や整髪料、掃除道具など細々したものをコンパクトに収納。中身の見えないボックスやかごをあちこちに配置して、引き出し感覚で使っています。

ここでのこだわりはクッションフロア。タイル床も検討していたのですが予算オーバーだったため、小さな子どもにも安心な「サンゲツ」のクッションフロアを選びました。ショールームにはたくさんのサンプルがありましたが、一目で気に入った花柄。結果、お手入れもらくちんで良かったと思います。

Aesop

「ナイーフ」でこのかごを見たときに「歯ブラシのかごだ」とひらめきました。ほどよく隠せるところがお気に入り。

トイレ・洗面所のお気に入り

「イケア」の折りたたみアームミラーはメイクのときに重宝します。

ウォールシェルフの棚受けに合わせて、ペーパーホルダーは黒をセレクト。

トタンボックスはわたしのもの、かごは夫のものを収納。ぶら下がっているかごにはヘアブラシなどを入れています。

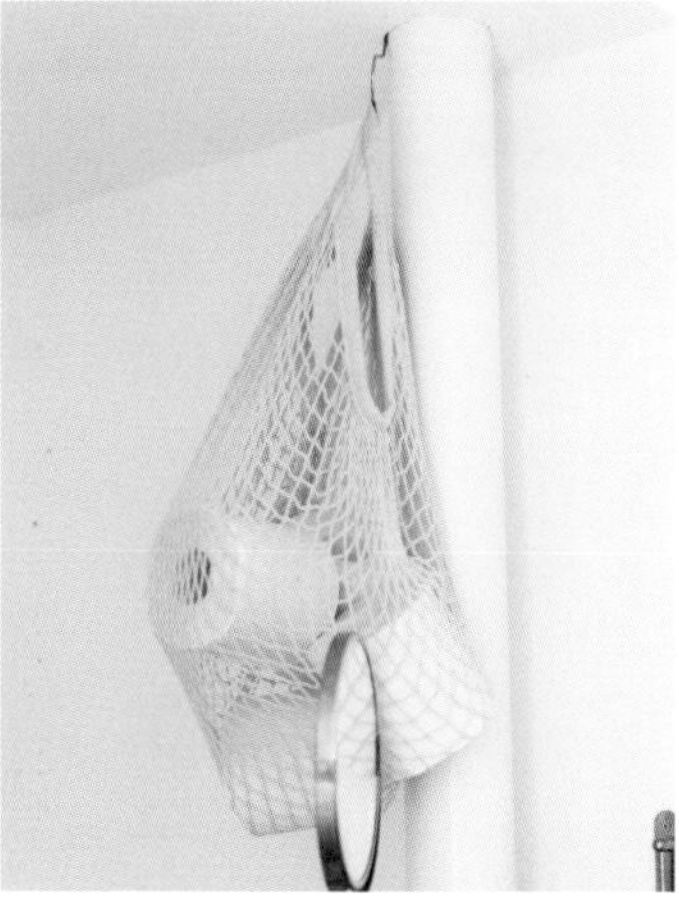

トイレットペーパーは「Seria」で見つけたネットバッグにまとめてポイポイ。

収納以外も。こだわって選んだトイレ・洗面所のアイテムです。

洗面台は「TOTO」の実験シンクと決めていました。広くて深いスクエア型は使いやすくておすすめです。

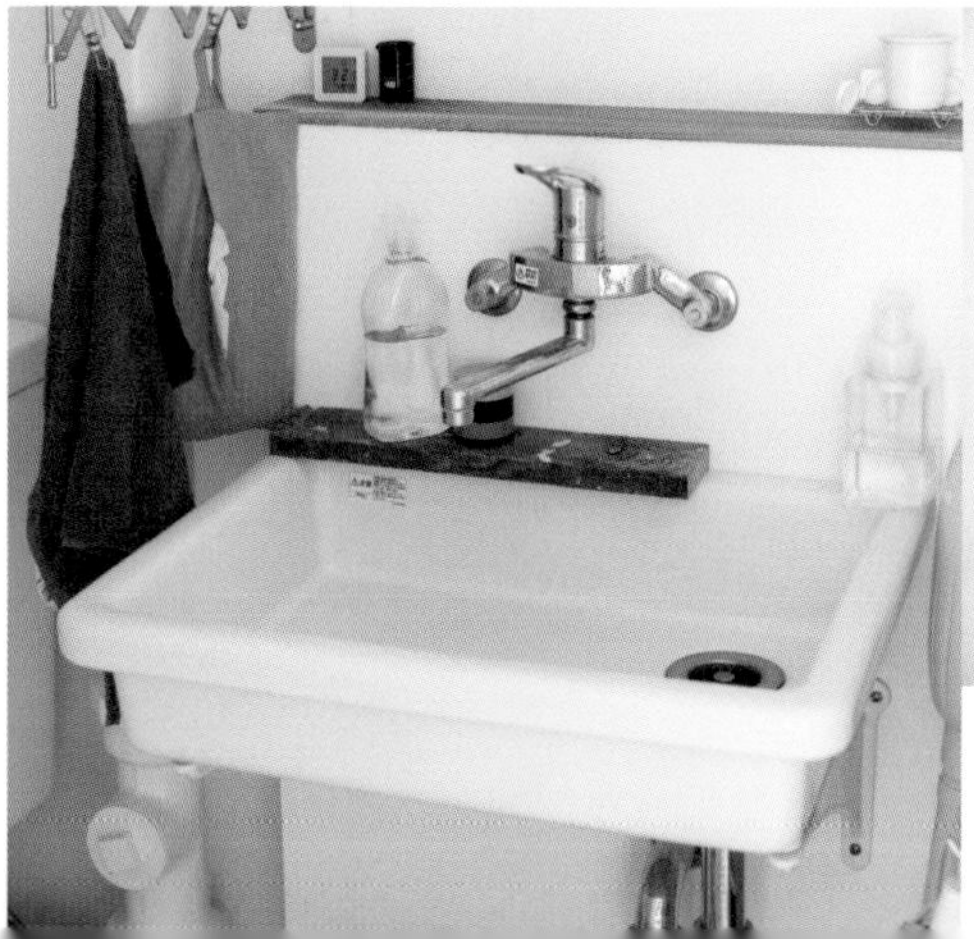

洗面台の大きい鏡は「無印良品」のもの。

Column

6

掃除の種類を減らす

床用、トイレ用、お風呂用……、洗剤の飽和状態を回避すべく、わが家のお掃除用洗剤は「暮らしの重曹せっけん泡スプレー」一択です。バスルームからキッチンまでどこでも使える、肌にやさしいエコ洗剤。さわやかなユーカリ系の香りもお気に入りのポイントです。この匂いが好きすぎて、お掃除が楽しくなりました（笑）。

洗面台の下に置いたかごには、重曹スプレーと洗濯洗剤、シャンプーのストックなどが入っています。

重曹せっけんスプレーは床掃除にも使えて本当に便利。ストックも常備しています。

ゴミ箱の数は少なく。

24時間ゴミ出しOKの集合住宅なので、家の中に大きなゴミ箱は必要ありません。ゴミ袋を持ってあちこちゴミを回収するのも手間なので、わが家のゴミ箱は全3カ所。資源ごみが出たらまとめて、その都度集積場所へ持っていくようにしています。ゴミを溜めないように意識するだけで、家の中は片付きます。

リビングとダイニングの中間には「イケア」のペダル式ゴミ箱を設置。シルバーなのでお部屋に馴染みます。

バスルームの入口に、「無印良品」の小さな小さなゴミ箱を置いています。

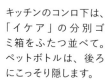

キッチンのコンロ下は、「イケア」の分別ゴミ箱をふたつ並べて。ペットボトルは、後ろにこっそり隠します。

5

子どものこと

Child

娘の意見を聞く

娘が生まれて生活は一変！　とにかくものが増えました。わたしは掃除が苦手だけど、片付けはなんとか、あれこれ工夫をして家の中を整えています。娘には、「ものにもお家があるから使ったら帰してあげようね」と教えています。おもちゃは散らかりっぱなしなことが多いけど、ハサミ、色えんぴつ、セロテープなどはそれぞれ元の場所に戻している様子を見かけます。

娘は幼稚園へ行くようになってから個性がより確立されてきたように思います。遊ぶおもちゃは木やフェルト素材のものがいいなと思いつつも、キャラクターものが欲しいと言えばできる範囲で与えようと思いますし、自分の好みに寄せようとは思いません。ただ家の中に、キャラクターものがいつも放り出されているのは

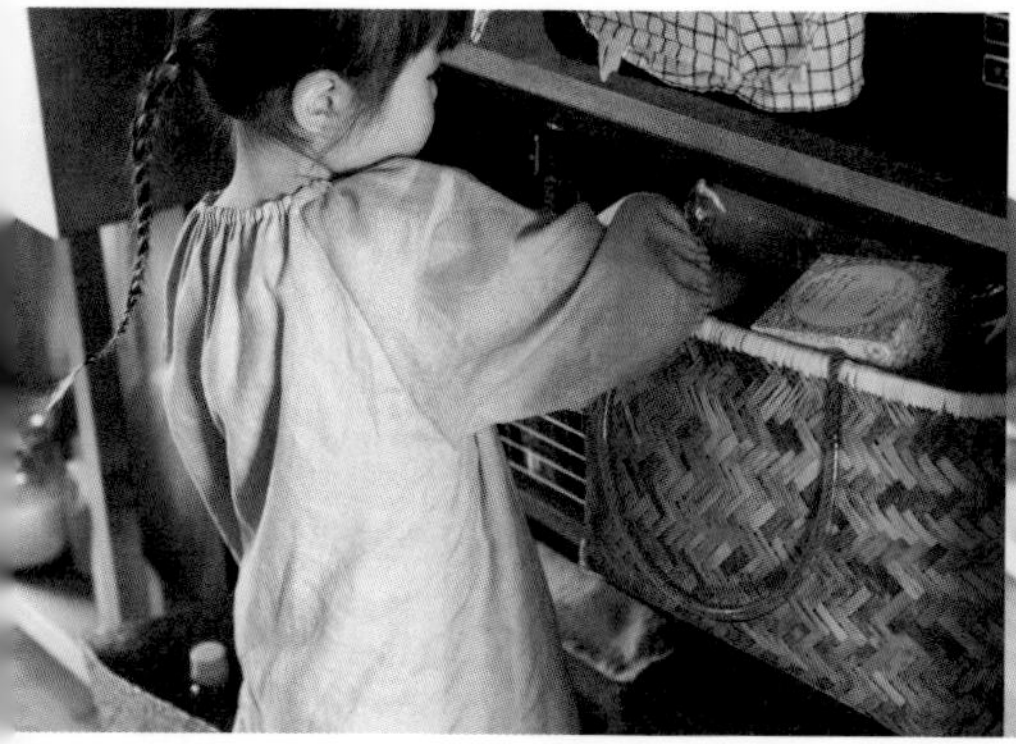

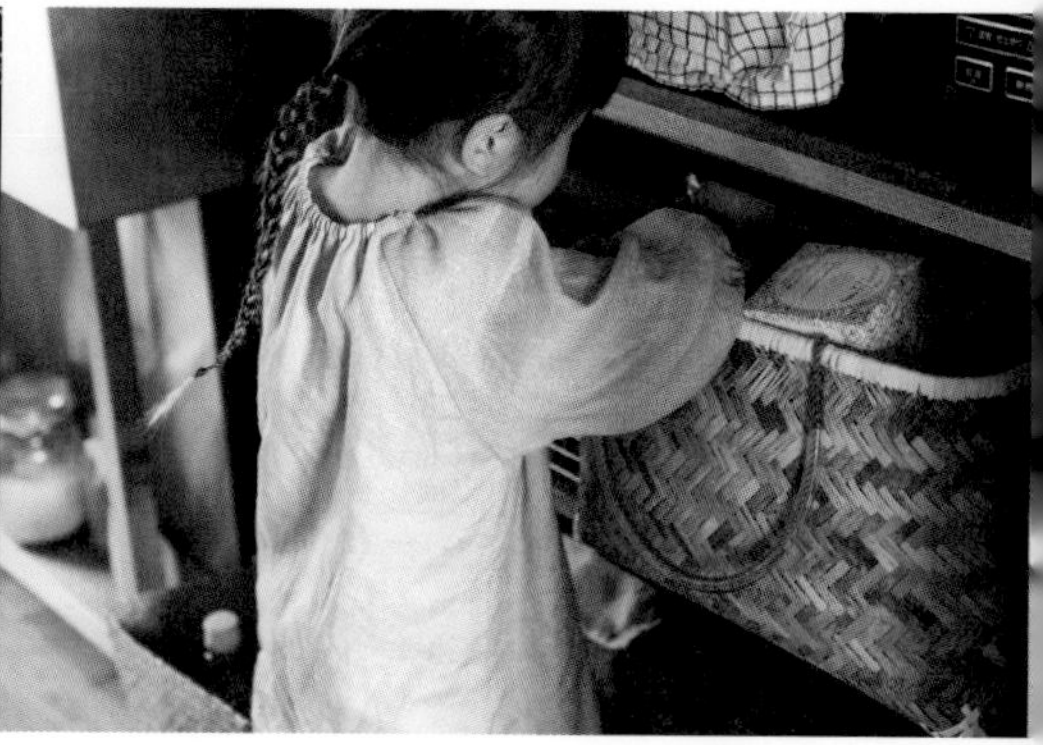

あまり好きではないので、すぐに片付けられるようかご、箱、棚をたくさん用意しました。

気をつけていることは、どんなに小さくてもひとりの人として、本人の意思を尊重しようということ。何をしたいのか、どうしたいのか、娘が自分で考えたことや意見を聞くように心がけています。最近娘がはまっているのは草花をとってくること。その気持ちが嬉しくて、花は一輪ざしに飾ることに。

娘はわたしとは別の性格で、見ていると改めて大事なことに気づかされる日々です。

幼稚園からの帰り道、道端に咲いている花を摘んで持って帰ってきてくれます。ガラスの花瓶に入れてキッチンに。

蔦の葉は、ご近所の女性が娘に持たせてくれたもの。あたたかなご近所付き合いも集合住宅ならではです。

BRIO

遊び場所でもかご収納

おもちゃで遊んだら自分で片付けができるよう、かごや箱をたくさん用意してポイポイするようにしました。使わなくなったものは、小上がりの下やブリキ缶にこっそりしまっていたのですが、おもちゃアンテナの感度がいいのか、たまに掘り出して遊んでいます。

（上）本棚に入りきらない大きな絵本は、「ナイーフ」で買ったかごにポイポイ。（下）折り紙やお絵描きセットは「ブックオフ」で見つけた300円のかごにポイポイ。

手づくりティピーは娘の隠れ家

「ひみつ基地が欲しい」と娘にねだられ、ティピー（テント）をつくることに。調べると、自作している人も多く意外と簡単につくれそう。「スーパービバホーム」で購入した丸棒6本をロープで縛り、一カ所だけ縫い付けた帆布をかぶせて完成。

最初は小上がりの上に、今はソファの隣に置いているのですが、娘は中にクッションとタオルケットを持ち込んでお昼寝をしたり隠れたり、とても楽しそうに遊んでいます。キャラクターのおもちゃなど、あまり外に出しっぱなしにしたくないものを隠すのにも重宝しています。

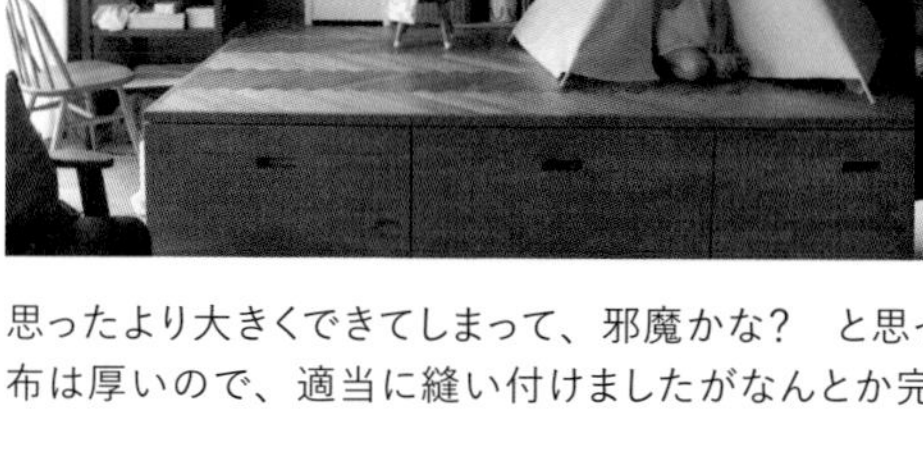

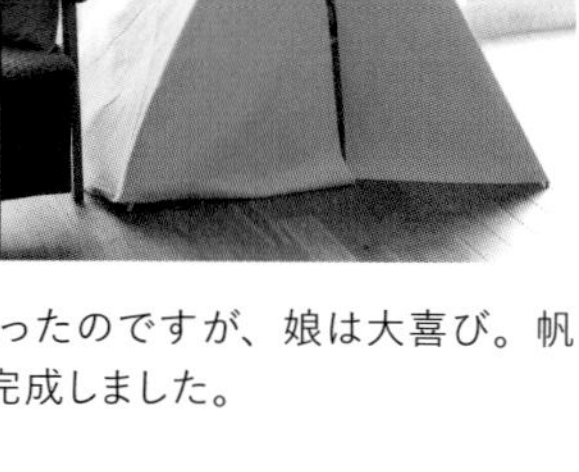

思ったより大きくできてしまって、邪魔かな？　と思ったのですが、娘は大喜び。帆布は厚いので、適当に縫い付けましたがなんとか完成しました。

掘り出し物はメルカリで

子ども服はインポートブランドに好みのものが多くあります。フランスブランドの「ボントン」「ボンポワン」、ロンドンの「キャラメル」、ニューヨークの「マキエ」、この4ブランドはとくにお気に入り。日本の正規店で購入することもあるのですが何しろ高価なので、「メルカリ」で状態のよいものを数千円で見つけるのが楽しみのひとつになっています。夜寝る前がポチポチタイム。シンプルなシルエットや落ち着いた色みの服に派手さはないけれど、着たときの愛らしさは格別です。

夫はアウトドアブランドの服を娘に着せたがりますが、それは週末のお楽しみに。最近は幼稚園から帰宅すると自分で着たい服を選んで着ていることもあります。

こっくりとした渋い色みですが、着てみるとなんともいえないかわいらしさがあります。

靴も「メルカリ」で探しています。すぐ大きくなってしまうのでリユースアイテムがとても便利です。

「ボントン」や「ボンポワン」などの愛らしい服。ワンピースが多いです。

手づくり服にはまっています

作家のtomotakeさんが出している子ども服の型紙を手芸屋さんで見つけ、ひとつ買ったのをきっかけに、娘の服を手づくりするようになりました。はじめは近所に住む裁縫上手の友人に教えてもらいながらだったのですが、これが不器用なわたしにもつくりやすくて、すっかりはまってしまいました。

ワンピースを基本に着丈を変えたり、袖口にゴムを入れたり、ひとつの型にアレンジを加えながら作っています。生地はかわいくて安いものを「ユザワヤ」で探し、ときにはリバティプリントやリネン素材なども。来年も着られるよう、少し大きく作っているのがポイントです。市販のものより好みのものができるようになりました。最近では自分用に作れないか思案中です。

Dress

オリジナルの袖口にゴムを
入れてパフスリーブ風に。

Original

袖と身頃を縫い付け、前
後身頃を縫い合わせて、
襟ぐりにゴムを通すだけ。
バイアス処理等もありま
すが簡単です。

Dress

初めてつくったワンピー
スがこれ。長めにつくって
裾上げしているので来年
も着られそうです。

Blouse

丈を短くすれば、プルオー
バーブラウスの完成。

Column 7 「acutti」は暮らしを楽しむためのお店

2011年ごろから、今のアカウントでインスタグラムを始めました。最初は使い方がよく分からなかったので、とりあえず1日1回、朝ごはんをアップすることに。これがなかなかおもしろくって、飽き性のわたしも夢中になりました。まず、朝ごはんのメニューを考えるのが楽しくなってきます。マヨネーズ、トマト、アスパラを乗せて焼く、お花のトーストもこの流れで思いついたものです。

そのうち盛り付けるうつわのことがもっと知りたくなって、益子の陶器市へ訪れるようになりました。それがきっかけで、うつわに夢中になり、知り合った作家さんとは、仕事でお付き合いするようになりました。

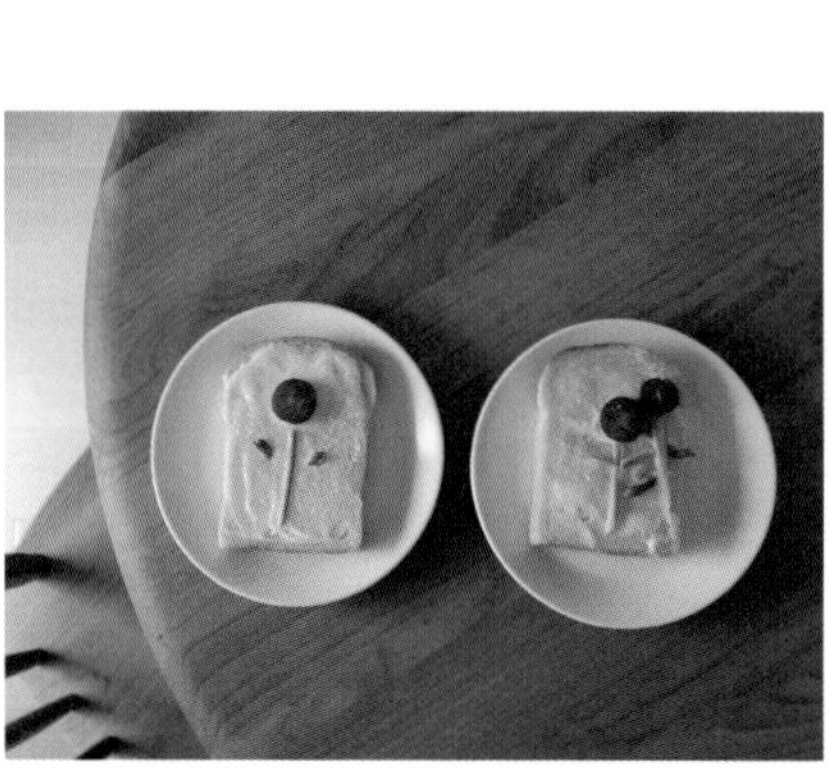

「お花のトースト」は、いろんな方がマネしてつくってくださって、ついにはテレビで紹介されたことも! 右のトーストは娘がつくったものです。

うつわ、ふきん、お弁当箱、靴下など、自分で使ってみてよかったもの、おすすめしたいものだけを紹介するウェブショップ「acutti」を始めたのは2015年。ずっと自分で雑貨店をやりたいという思いがあり、セレクトショップで働いてノウハウを蓄積してきた念願がかなった形でした。

「acutti」のテーマは、「毎日の暮らしを少し楽しくする〝衣・食・住〟のお店」。作る人と使う人がつながるお手伝いをしています。ウェブサイトでは商品の販売を行なっていますが、不定期で作家さんとともに、イベントやワークショップも開催しています。

夢は、いつか小さくてもいいので「acutti」の実店舗を持つこと。みんながつながる、人が集まれる、そんな場所を目指して、焦らず、自分たちのペースでやっていけたらいいなと思っています。

作家さんのうつわや、木のカトラリー、たまに子どものものなど、自分が使ってみてよかったものをセレクトしています。イベントなどもHPやインスタグラムでお知らせしています。　https://www.acutti.com/

おすすめ SHOP LIST

イケア・ジャパン株式会社

イケア カスタマーサポートセンター ☎ 0570-01-3900 https://www.ikea.jp
IKEA港北 神奈川県横浜市都筑区折本町201-1

わが家の構成要素として欠かせないのがイケア。安くてシンプル、かわいいものがたくさん揃っていて、いつ行っても楽しい場所です。たとえばボックスを5、6個欲しいときなど、同じものがたくさん必要なときにも助かります。同じものを買っても、使い方が人それぞれなところも面白い。

無印良品 銀座

東京都中央区銀座3-3-5 ☎ 03-3538-1311 https://www.muji.com

無印良品の魅力は、シンプルで飽きがこないデザイン。長く使える、買い足すことができるので助かります。この場所に置きたい!と目的を持って購入することが多いのですが、模様替えなどで使わなくなっても別の場所でまた使うことができる。それだけ汎用性の高いデザインが好きです。

株式会社LIXILビバ

全国にホームセンター「スーパービバホーム」「ビバホーム」を展開
☎ 0120-871-146 https://www.vivahome.co.jp/

リノベーション中は木材や資材のコーナーに何度も通いました。でも実は調理器具のコーナーを見るのが大好き。大きな業務用のお鍋だったり、い草の鍋敷きや竹ざるなど毎日使えるものが大充実。ステンレスのキッチンに合わせやすそうな調理器具がたくさんあるところも魅力です。

※商品の取り扱いは店舗によって異なります。取り扱い状況は最寄りの店舗にお問い合わせください。

GALLUP 厚木 ショールーム

神奈川県厚木市酒井78番地 19番倉庫
☎ 046-227-0226 https://www.thegallup.com/shop_info/atsugi

広い倉庫の中にあらゆる資材が置いてあって、味のあるアンティークや古材好きにはたまらない、楽しいお店。掘り出し物が見つかります。リノベーション中は木の棒や棚板、建具、その他家具などを見に通いました。棚板用に買った木の板は、家の中のいろいろなところで活躍しています。

仁平古家具店　益子店
栃木県益子町益子3435　☎ 0285-70-6007　http://www.nihei-furukagu.com

わたしが古道具好きになるきっかけとなったお店。空間になじみやすく落ち着いた雰囲気の古家具がたくさん揃っています。比較的お値段がリーズナブルなところも魅力。益子に行くときは必ず立ち寄ります。真岡店もおすすめ。

※以前はオンライン販売もされていましたが、現在は行っておりません。

CLASKA Gallery & Shop "DO" たまプラーザ店
神奈川県横浜市青葉区美しが丘1-7　東急百貨店たまプラーザ店 2F
☎ 045-903-2082　https://do.claska.com/shop/tamaplaza/

シンプルだけどちょっとしたかわいらしさやいろどりを加えてくれる絶妙のセレクト。贈りものを選ぶときに訪れることも多いです。商品のことをいろいろ教えてくださるスタッフの方とのお話も楽しくてついつい長居してしまうことも。本書で紹介したテーブルは、古家具なので同じものは販売していません。

ナイーフ
兵庫県神戸市神戸市東灘区本山北町3-6-2　☎ 078-411-1450

関西に行くときは必ず立ち寄りたいと思っている雑貨店。海外のものを多く扱っているので、旅先でお買い物しているような楽しさがあります。細々とした調理道具、ふきんからかごまで、店内をぐるぐる何周しても楽しめて、毎回長居してしまいます。ここで買ったかごや小物は家で大活躍しています。

ツールボックス　ショールーム
東京都新宿区下落合3-14-16
www.r-toolbox.jp　問い合わせ先：contact@r-toolbox.jp

リノベーション中に、資材やDIYの材料を探したり、アイディアを求めて何度もオンラインショップをチェックしました。「こんなの欲しかった!」と思うものがたくさん見つかるお店です。なかなか他のところでは見つからないような、家の雰囲気に合ったものを購入することができました。

※本書に記載されている情報は2019年12月現在のものです。店舗の情報などは変更になる場合があります。
※本書で紹介している商品はすべて著者の私物です。現在入手できないものもあります。

あとがき

緑がたくさんあって、気持ちのいい風が通る、
子供とのびのびと過ごせるところ。
家探しをしていて夫と共に気に入ったのがこの場所でした。

暮らしのかたちはたくさんあって、
住む場所、使うもの、着るもの……、
選ぶ基準や心地よさのポイントは人それぞれだと思います。

わたしの場合、心地よさのアンテナは
わが家にぴったりのラグや古道具を見つけたとき、
娘にはこんな色合いの服が似合うと発見したとき、
あのかごはあそこで使おう！　ふと思い立ち、

かごを持って家の中をウロウロしているとき、毎日ピピッと反応します。

面倒くさがりなので収納は楽ちんなものでも十分快適。
〝こうでなくてはいけない〟に捉われず、
わたしたち家族にとって居心地のよい、
自分たちの成長にあった暮らしを
大切にしていきたいと思いながら日々過ごしています。

この一冊が手に取ってくださった方の暮らしに
少しでもお役にたてることができたら嬉しいです。

今回はじめての書籍をつくるにあたり、
お力添えいただきお世話になった皆様には感謝いたします。
本当にありがとうございました。

２０１９年12月　圷　みほ

Staff

撮影　中島千絵美
　　　圷　みほ
デザイン　後藤奈穂
構成・文　日野晴未
イラスト　大沢純子（sugar）
校正　鈴木初江
編集　川上隆子（ワニブックス）

かごと木箱と古道具と。

日々をいろどる“もの”選び

圷《あくつ》　みほ　著

2020年1月6日　初版発行

発行者　横内正昭
編集人　青柳有紀
発行所　株式会社ワニブックス
〒150-8482
東京都渋谷区恵比寿4-4-9　えびす大黒ビル
電話　03-5449-2711（代表）　03-5449-2716（編集部）
ワニブックスHP　http://www.wani.co.jp/
WANI BOOKOUT　http://www.wanibookout.com/

印刷所　凸版印刷株式会社
製本所　ナショナル製本

定価はカバーに表示してあります。

落丁・乱丁の場合は小社管理部宛にお送りください。送料は小社負担でお取り替えいたします。ただし、古書店等で購入したものに関してはお取り替えできません。

　ISBN978-4-8470-9870-3